Mr. Pim kommt an

einer Komödie in drei Akten vorbei

AA Milne

Writat

Diese Ausgabe erschien im Jahr 2024

ISBN: 9789359948294

Herausgegeben von
Writat
E-Mail: info@writat.com

Inhalt

FIGUREN

Die Originalbesetzung im Gaiety Theatre, Manchester

George Marden, JP . . . . *Herr Ben Webster.*
Olivia (seine Frau). . . . . *Fräulein Irene Vanbrugh.*
Dinah (seine Nichte). . . . . *Miss Georgette Cohan.*
Lady Marden (seine Tante) . . . . *Miss Sybil Carlisle.*
Brian Strange. . . . . *Herr Philip Easton.*
Carraway-Pin. . . . . *Herr Dion Boucicault.*
Anne. . . . . *Miss Ethel Wellesley.*

Die Aktion findet an einem Tag im Juli im Morgenzimmer des Marden House in Buckinghamshire statt.

Die Originalbesetzung aus London im New Theatre

George Marden, JP . . . . *Herr Ben Webster.*
Olivia (seine Frau). . . . . *Fräulein Irene Vanbrugh.*
Dinah (seine Nichte). . . . . *Miss Georgette Cohan.*
Lady Marden (seine Tante) . . . . *Miss Ethel Griffes.*
Brian Strange. . . . . *Herr Leslie Howard.*
Carraway-Pin. . . . . *Herr Dion Boucicault.*
Anne. . . . . *Miss Ethel Wellesley.*

AKT I

Der Morgensaal im Marden House (Buckinghamshire) entschied vor mehr als hundert Jahren, dass alles in Ordnung sei, und hat sich seitdem nicht mehr darum gekümmert. Besucher des Hauses haben das Ergebnis mit so unterschiedlichen Adjektiven wie „sanft", „altmodisch", „charmant" – sogar „baronial" und „antik" bezeichnet; aber niemand hat jemals gesagt, dass es „aufregend" sei. Manchmal OLIVIA *möchte, dass es spannender wird, und hat sich letzte Woche lieber ein paar neue Vorhänge anschauen lassen; Sie hat immer noch die Ringe zum Anziehen. Es ist offensichtlich, dass die Vorhänge allein die Aufregung übertreiben werden; Sie müssen mit einem neuen Teppich und neuen Kissen harmoniert werden.* OLIVIA *hat nur die Dinge im Blick, aber man muss vorsichtig damit umgehen* GEORGE . *Was gut genug war, ist für seinen Ururgroßvater gut genug für ihn. Wir können jedoch vertrauen* OLIVIA *ihn durchzustehen, auch wenn es einige Zeit dauern kann.*

Am Ende des Stücks wird eine Szenenhandlung gegeben.

Es gibt drei Möglichkeiten, in den Raum zu gelangen: durch die offenen Fenster, die vom Garten aus führen, durch die Türen nach rechts oder über die Treppe von oben nach rechts, MR. PIM *wählt den letzteren Weg – oder besser gesagt* ANNE *wählt es für ihn; Und* HERR PIM *folgt ihr freundlich und harmlos. Sie steigt die Stufen hinunter und geht zu* C., *gefolgt von* HERR PIM .

ANNE (*geht nach oben, schaut von* L. *weg und kehrt zu* L. *zurück* PIM RC). Ich werde Herrn Marden sagen, dass Sie hier sind, Sir. Herr Pim, nicht wahr?

PIM (*nervös*). Ja – ähm – Herr. Pim–Mr. Carraway Pim. Er kennt mich nicht, verstehen Sie, aber wenn er mir nur ein paar Augenblicke ersparen könnte – ähm – (*Er kramt in seinen Taschen herum.*) Ich habe dir diesen Brief gegeben?

ANNE . Ja, Sir, ich gebe es ihm.

PIM (*holt einen gestempelten Brief hervor, der nicht der ist, nach dem er gesucht hat, der ihn aber an etwas anderes erinnert, das er vergessen hat. Betrachtet den Brief*). Oh! Liebe mich!

ANNE . Jawohl?

PIM . Liebe mich. Ich hätte das posten sollen. (*Blick auf den Brief.*) Na ja, ich muss ein Telegramm schicken. Sie haben ein Telegrafenamt im Dorf?

ANNE . Oh ja, Sir. (*Gehen Sie zur Terrasse nach* links *und zeigen Sie nach* links.) Wenn Sie vor den Toren nach links abbiegen, sind es etwa hundert Meter den Hügel hinunter. Biegen Sie nach links ab und den Hügel hinunter.

PIM . Biegen Sie nach links ab und den Hügel hinunter. Danke Danke. Sehr dumm von mir, es vergessen zu haben.

(ANNE *geht über Treppe R hinaus* .)

(HERR PIM *wandert durch den Raum, summt vor sich hin und betrachtet die Bilder und Fotos auf dem Klavier. Dann geht er zum Fenster nach* links *hinaus)* (DINAH *Sie kommt von der Treppe hinauf nach* R. *, tanzt und summt die Melodie von „Down on the Farm": Sie ist neunzehn, sehr hübsch, sehr glücklich und voller jungenhafter Hochstimmung und Unterhaltung. Sie tanzt zum Fuß der Treppe, schaut von* R. *nach* C., *dann zum Klavier; sitzt und spielt ein paar Takte und singt „Down on the Farm", erhebt sich und bewegt sich nach* rechts *am Klavier, und dabei tut sie es* PIM *Er kommt aus dem Fenster oben* links *wieder herein und steht plötzlich einander gegenüber, hinten* rechts *unter dem Schreibtisch. Es entsteht eine kurze Pause .)*

DINAH (*tritt einen Schritt zurück*). Hallo!

PIM . Sie müssen mir verzeihen, aber... Guten Morgen, Frau Marden.

DINA . Oh, ich sage, *ich* bin nicht Mrs. Marden. Ich bin Dinah.

PIM (*mit einem Lächeln*). Dann werde ich sagen: Guten Morgen. Fräulein Diana.

DINAH (*vorwurfsvoll*). Wenn Sie und ich Freunde sein wollen, dürfen Sie das nicht tun. Dinah, *nicht* Diana. Denken Sie daran, es gibt einen guten Mann, weil ich es so leid bin, Leute zu korrigieren. (*Bewegt sich von* C *nach* B.) Bist du gekommen, um bei uns zu wohnen? (*Setzt sich auf Sofa* R.)

PIM (*folgt ihr nach unten*). Nun, nein, Miss-ähm-Dinah.

DINAH (*nickend*). Das ist richtig. Ich sehe schon, dass ich nicht noch einmal mit *Ihnen sprechen muss* . Sagen Sie mir jetzt Ihren Namen, und ich wette, ich verstehe es gleich beim ersten Mal. Und setzen Sie sich.

PIM (*geht nach* links *und setzt sich auf das Sofa* links). Danke schön. Mein Name ist – ähm – Pim, Carraway Pim –

DINA . Pim, das ist einfach.

PIM . Und ich habe einen Empfehlungsbrief an deinen Vater –

DINAH (*steht auf, geht zur* rechten Seite *des Tisches* LC *und spricht über denselben hinweg*). Ach nein; Jetzt machen Sie wieder einen Fehler, Herr Pim. George ist nicht mein Vater; er ist mein Onkel. Onkel George – er mag es nicht, wenn ich ihn George nenne. Olivia hat nichts dagegen – ich meine, es macht ihr nichts aus, Olivia genannt zu werden, aber George ist ziemlich empfindlich. (*Mit dem Gesicht auf dem Tisch sitzend* PIM .) Sehen Sie, er ist seit meinem zweiten Lebensjahr mein Vormund, und dann hat er vor etwa fünf Jahren eine Witwe namens Mrs. Telworthy geheiratet.

PIM (*wiederholend*). Frau Telworthy.

DINA . Das ist Olivia – also wurde sie meine Tante Olivia, nur lässt sie mich die Tante fallen. (*Sehr scharf sprechend* .) Verstanden?

PIM (*ein wenig beunruhigt*). Ich – ich denke schon, Miss Marden.

DINAH (*bewundernd*). Ich sage, Sie *sind* schnell, Herr Pim. Nun, wenn Sie meinen Rat beherzigen, werden Sie, wenn Sie mit George fertig sind, noch ein bisschen herumhängen und schauen, ob Sie Olivia nicht sehen können. (*Erhebt sich und bewegt sich* C.) Sie ist einfach – (*fühlt nach dem Wort*) – umwerfend. Ich wundere mich nicht, dass George sich in sie verliebt hat.

(Über Klavier R. *gehen , Fotos ansehen usw.*)

PIM (*steht auf, schaut auf die Uhr und kommt* C.). Es ist nur eine rein geschäftliche Angelegenheit – nur ein paar Worte mit deinem Onkel – vielleicht sollte ich besser …

DINAH (*betrachtet das Foto oben am Klavier*). Nun, Sie müssen sich selbst erfreuen, Mr. Pim. Ich gebe Ihnen nur einen freundlichen Rat. Natürlich war ich unheimlich froh, eine so großartige Tante zu haben. (*Bewegen Sie sich nach* links *vom Klavier, heben Sie es auf und betrachten Sie das Foto davon* (OLIVIA .) Denn schließlich *ist die Ehe* eher eine Fehlentscheidung, nicht wahr?–

PIM (*verblüfft*). Nun ja, ich weiß nicht, ich habe keine Erfahrung...

DINAH (*fährt fort*). Und George hätte mit jedem ausgehen können. (*Umziehen nach* PIM .) Anders ist es auf der Bühne, wo Vormunde immer ihre Mündel heiraten, aber George konnte *mich nicht heiraten* , weil ich seine Nichte bin. Allerdings sage ich nicht, dass ich ihn hätte haben sollen, denn unter uns ist er ein bisschen altmodisch.

PIM . Also heiratete er – ähm – Mrs. Stattdessen Marden.

DINA . Mrs. Telworthy – sagen Sie nicht, dass Sie es bereits vergessen haben, gerade als Sie so gut in Namen waren. Frau Telworthy. (*Geht zu Sofa R und setzt sich darauf*) Sehen Sie, Olivia hat den Mann aus Telworthy geheiratet und ist mit ihm nach Australien gegangen, und er hat sich im Busch zu Tode getrunken, oder wo immer man sich da draußen zu Tode trinkt, und Olivia ist nach Hause gekommen England, und traf meinen Onkel, und er verliebte sich in sie und machte ihr einen Heiratsantrag – (*steht auf und kniet sich auf das Sofa*) – und er kam in dieser Nacht in mein Zimmer – ich war ungefähr vierzehn – und machte das Licht an und sagte: „ Dinah, wie wäre es für dich, eine wunderschöne Tante zu haben?" (PIM *lacht*.) Und ich sagte: „Herzlichen Glückwunsch, George." (PIM *(lacht wieder* .) Das war das erste Mal, dass ich ihn George nannte. Natürlich hatte ich es schon seit Wochen kommen sehen. Telworthy, ist das nicht ein lustiger Name?

PIM . Oh, ein äußerst merkwürdiger Name – Telworthy. Aus Australien, sagen Sie?

DINA . Ja, ich sage immer, dass er wahrscheinlich noch am Leben ist und eines Morgens hier auftauchen und George ärgern wird.

PIM (*schockiert*). Oh!

DINA . Aber ich fürchte, es gibt keine große Chance.

PIM (*schockiert*). Fräulein Marden! Wirklich!

DINAH : Natürlich *möchte ich nicht*, dass es passiert, aber es *wäre* ziemlich aufregend. (*Übergang zu* PIM .) Nicht wahr, Herr Pim?

PIM . Spannend!

(PIM *kreuzt unter Sofa* L.)

DINA . Allerdings scheinen solche Dinge hier unten nie zu passieren, (*Rauf ins Fenster rauf* R. PIM *beobachtet sie* .) Letztes Jahr brannte etwa eine Meile entfernt ein Heuhaufen, aber das ist nicht dasselbe, oder?

PIM . Nein, ich würde sagen, dass das sicherlich anders war.

DINAH (*kommt an den hinteren Tisch* LC). Natürlich ist letzte Nacht etwas sehr, sehr Wunderbares passiert. (*weicht zurück* .) Nein, nein! Ich bin mir nicht sicher, ob ich dich gut genug kenne – (*Sie sieht ihn zögernd an* .)

PIM (*unbehaglich*). Wirklich, Miss Marden, das dürfen Sie nicht. Ich bin nur ein – ein Passant, heute hier und morgen weg. Das darfst du wirklich nicht –

DINAH (*sieht sich um und verdient* PIM), Und doch haben Sie etwas an sich, Herr Pim, das Vertrauen erweckt.

PIM (*bewegt sich nach* L.). Ach nein. Wirklich, du darfst es mir nicht sagen.

DINAH (*nimmt seinen Arm*). Tatsache ist – (*im Flüsterton*) –, dass ich mich letzte Nacht verlobt habe!

PIM . Lieber Mensch, ich gratuliere dir. Ich wünschte, jemand würde hierher kommen.

DINAH (*läuft bis zum Fuß der Treppe nach* rechts *und schaut weg*): Ich gehe davon aus, dass George dich deshalb so lange aufhält. (*Ich wende mich an* PIM .) Brian, mein junger Mann, der bekannte Maler – nur hat noch nie jemand von ihm gehört – er raucht mit George in der Bibliothek eine Pfeife und hält um die Hand seiner Nichte. (*Ich komme zurück auf* PIM NIMMT SEINE HÄNDE und *tanzt mit ihm im Kreis* .)

(PIM *fällt erschöpft und hustend auf das Sofa* L. *und* DINA *lachend sitzt auf Sofa* R.)

DINA . Ist es nicht aufregend? Sie haben wirklich ziemlich viel Glück, Mr. Pim – ich meine, dass Sie es so schnell erfahren. Selbst Olivia weiß es noch nicht.

PIM . Ja, ja, ich gratuliere Ihnen, Miss Marden. Vielleicht wäre es besser – (*Ich stehe gerade auf.*)

(ANNE kommt von der Treppe R *hinauf. Sie kommt zu* C.)

ANNE . Mr. Marden ist im Moment nicht da, Sir –

DINAH (*enttäuscht*). Oh!

ANNE (*sehend* DINA). Oh, ich habe Sie nicht gesehen, Miss Dinah!

PIM . Aus! Äh? Lieb! Lieb!

DINAH , es ist alles in Ordnung, Anne. (*steht auf*) Ich kümmere mich um Mr. Pim.

ANNE . Sehr gut, Miss.

PIM (*sotto voce*). Aus! Na ja, ich gehe besser –

(*Ausfahrt* ANNE *Treppe B hinauf.*)

DINAH (*aufgeregt*). Das bin ich. (*Läuft bis zum Fuß der Treppe und schaut zu* ANNE *aus* .) Sie können in der Bibliothek nicht über mich reden, ohne zusammenzubrechen – (R. *runterkommen und nachahmen* GEORGE *Und* BRIAN) – also gehen sie draußen auf und ab und schlagen auf die Disteln ein, um ihre Gefühle zu verbergen. Du weisst. Ich erwarte, dass Brian – (*geht nach* rechts *zum Fenster* .)

PIM (*erhebt sich, ruft*). Fräulein Marden! Fräulein Marden! (*sieht auf seine Uhr* .) Ja, ich denke, Miss Marden, ich sollte jetzt besser gehen und etwas später zurückkommen. Ich habe ein Telegramm, das ich abschicken möchte, und wenn ich zurückkomme, wird Ihr Onkel vielleicht in der Lage sein –

DINAH (*kommt zu* PIM). Oh, aber wie enttäuschend von dir, wo wir doch so gut miteinander auskamen! Und du warst nun an der Reihe, mir alles über dich zu erzählen.

PIM . Ich habe wirklich nichts zu sagen, Miss Marden. Ich habe einen Empfehlungsbrief an Ihren Onkel, der mir wiederum, wie ich hoffe, einen Brief an einen bestimmten angesehenen Mann geben wird, den ich unbedingt treffen muss. Das ist alles. (*streckt seine Hand aus*) Und jetzt, Miss Marden, denke ich wirklich, dass es besser ist, wenn ich gehe.

DINAH (*nimmt seinen Arm und führt ihn von Stufe* C *nach* links). Oh, ich mache dich auf den Weg zur Post.

PIM . Wirst du? Das ist wirklich sehr nett von Ihnen.

DINA . Nein, das ist es nicht.

PIM . Oh, aber das ist es! Du bist ein sehr nettes kleines Mädchen.

DINA . Ich möchte wissen, ob du verheiratet bist—

PIM . Oh nein, ich bin nicht verheiratet.

DINAH … und so weiter. Sie haben mir eine Menge zu erzählen, Mr. Pim. Hast du deinen Hut? (PIM *zeigt seinen Hut* .) Oh ja! Das ist richtig.

(BRIAN STRANGE *kommt aus dem Fenster oben* rechts. *Er ist was* GEORGE *ruft ein verdammt futuristischer Maler, 24 Jahre alt. Vom Aussehen her ist er ein sehr netter Junge, eher unordentlich gekleidet. Er wird es gleich erzählen* DINA *das Ergebnis seines Interviews mit* GEORGE *wenn er es erblickt* PIM .)

Dann werden wir – hallo, hier ist Brian! (*Geht nach unten und zu seinem R. , der ihn packt* .) Brian, das ist Mr. Pim! Mr. Carraway Pim. Er hat mir alles über sich erzählt.

PIM . Ich habe kein Wort gesagt. Ich habe nie meinen Mund geöffnet.

DINA . Es ist so interessant. Er schickt einfach ein Telegramm und kommt dann wieder zurück. Mr. Pim – (*schüchtern und geht zum Kopfende des Sofas* R.) – das ist Brian – wissen *Sie* ,

BRIAN (*nickend*). Wie geht es dir?

PIM . Wie geht es Ihnen, Sir?

DINAH (*flehend und nach unten gehend* BRIAN *Zu* PIM), Du wirst doch nichts dagegen haben, alleine zur Post zu gehen, oder? (*Sie geht schüchtern zum Stuhl neben dem Schreibtisch und tritt nervös gegen ihren Knöchel usw.*) Denn, sehen Sie, Brian und ich – (*Sie schaut liebevoll zu* BRIAN .)

PIM (*zu Sentiment gewechselt*). Miss Dinah und Mr. – äh – Brian, ich bin nur für einen Moment in Ihr Leben getreten, und es ist wahrscheinlich, dass ich jetzt für immer aus ihnen verschwinden werde, aber vielleicht gestatten Sie einem alten Mann –

DINA . Oh, nicht so alt!

PIM (*lacht glücklich*). Nicht alt? Nun, sagen wir mal ein Mann mittleren Alters – (DINAH *nickt zustimmend* . PIM *lacht wieder*) – ein Mann mittleren Alters, der Ihnen beiden für die Jahre, die Sie vor sich haben, viel Glück wünscht. (*Überqueren vor* DINAH *schüttelt die Hand* BRIAN .) Auf Wiedersehen—(*Händeschütteln mit* DINAH – auf Wiedersehen und vielen Dank. Oh, ich kenne meinen Weg. (*Bewegt sich nach* links *und wendet sich zu* DINAH .) Nach links abbiegen und den Hügel hinunter? Biegen Sie nach links ab und den Hügel hinunter.

(*Ausfahrt* PIM *up* L. DINAH *beobachtet ihn links oben* auf *der Terrasse und* BRIAN *nach oben* R.)

DINAH (*kommt in den Raum unter dem Schreibtisch zu* RC). Brian, er wird sich verlaufen, wenn er so geht.

BRIAN (*geht hinter die Fenster und ruft ihm nach* L.). Drehen Sie sich nach links, Sir. Ja, das ist richtig. (*Er kommt zurück ins Zimmer und überquert* LC) Rum, alter Vogel. Wer ist er?

DINA . Liebling, du hast mich noch nicht geküsst.

BRIAN (*geht auf sie zu und zieht sie unter das Sofa* L.), Oh, sage ich. Ich sollte es nicht tun, aber man sollte ja auch nie die schönen Dinge tun.

DINA . Warum solltest du nicht?

(*Sie sitzen zusammen auf dem Sofa* – BRIAN *an* R., DINAH *zu* L.)

BRIAN . Nun ja, wir sagten, wir wären brav, bis wir deinem Onkel und deiner Tante alles erzählt hätten. Sie sehen, als Gast in ihrem Haus –

DINA . Aber, liebes Kind, was *hast* du heute Morgen den ganzen Morgen gemacht, *außer* es George zu erzählen?

BRIAN . Oh, *ich versuche* es George zu sagen.

DINAH (*nickend*). Ja, natürlich gibt es einen Unterschied.

BRIAN . Ich glaube, er *vermutete,* dass etwas nicht stimmte, und er nahm mich mit, um die Schweine zu sehen – er sagte, er müsse die Schweine sofort sehen – ich weiß nicht warum; vielleicht einen Termin. Und wir haben die ganze Zeit über Schweine geredet, und ich konnte nicht sagen: „Apropos Schweine, ich möchte deine Nichte heiraten –"

DINAH (*mit gespielter Empörung*). Oh, natürlich konntest du nicht.

BRIAN . Nein. Nun, Sie sehen, wie es war. Und als wir dann mit dem Gespräch *über* Schweine fertig waren, fingen wir an, *mit* den Schweinen zu reden –

DINAH (*eifrig*). Oh, *wie* geht es Arnold?

BRIAN . Arnold...? Ach ja, das ist der kleine Schwarz-Weiße? Ich glaube, er ist sehr fröhlich, aber natürlich habe ich nicht viel an ihn gedacht. Ich habe mich gefragt, wie ich anfangen soll. Und dann kam Lumsden und wollte über Schweinefutter reden, und die Atmosphäre wurde immer weniger romantisch, und – und ich driftete allmählich ab.

DINA . Oh, armer Schatz! Nun, wir müssen über Olivia an ihn herantreten.

BRIAN . Aber ich wollte es ihr immer zuerst sagen; sie ist so viel einfacher. Nur *du* würdest mich nicht zulassen.

DINA . Das ist *deine* Schuld, Brian. Du würdest Olivia sagen, dass sie hier orange-schwarze Vorhänge haben sollte.

BRIAN . Aber sie möchte hier drinnen orange-schwarze Vorhänge.

DINA . Ja. (*Er steht auf und stellt sich mit dem Rücken zum Feuer hin, um es nachzuahmen* GEORGE .) Aber George sagt, dass er in einem ehrlichen englischen Landhaus, das seinem Vater, seinem Großvater, seinem Urgroßvater und – und allen anderen gut genug war, keinen futuristischen Unsinn haben wird. (*Kniet sich auf das Sofa* .) Zwischen Olivia und George herrscht also gerade eine gewisse Anspannung, und wenn Olivia Sie – sozusagen – weiterempfehlen würde, dann würde Ihnen das nicht viel nützen.

BRIAN (*schaut sie an*). Ich verstehe. Natürlich weiß ich, was *du* willst, Dinah.

DINA . Was will ich?

BRIAN . Sie wollen eine geheime Verlobung –

DINA . Oh!

BRIAN . Und Notizen, die unter Fußmatten hinterlassen wurden –

DINA . Oh!

BRIAN . Und Begegnungen am verdorrten Dorn –

DINA . Oh!

BRIAN . Wenn der ganze Haushalt schläft.

DINA . Oh!

BRIAN . Ich kenne Sie.

DINA . Oh, aber es macht so viel Spaß! Ich liebe es, Menschen durch verdorrte Dornen zu treffen.

BRIAN . Nun, ich werde es nicht haben.

DINAH (*kindlich, dicht neben ihm sitzend*). Oh, Georg! Schauen Sie sich an, wie wir brav sind!

BRIAN . Du, Süße! Ich verehre dich. (*Er küsst sie und hält ihre Hände* .) Weißt du, du verschwendest dich eher an mir. Macht es dir etwas aus?

DINAH (*legt ihre Beine auf das Sofa und legt ihren Kopf auf seine Schulter*). Kein Bisschen.

BRIAN . Wir werden nie reich sein, aber wir werden viel Spaß haben, interessante Leute treffen und das Gefühl haben, dass wir etwas tun, was es wert ist, getan zu werden, und nicht annähernd genug dafür bezahlt werden, und wir können gemeinsam die Akademie und die britische Öffentlichkeit verfluchen , und – oh, es ist ein aufregendes Leben.

DINAH (*sieht es*). Ich werde es lieben.

BRIAN (*aufrichtig*). Ich werde dafür sorgen, dass du es liebst. Es wird dir nicht leid tun, Dinah.

DINA . Du wirst es auch nicht bereuen, Brian.

BRIAN (*schaut sie liebevoll an*). Oh, ich weiß, das werde ich nicht... Was wird Olivia darüber denken? Wird sie überrascht sein?

DINA . Olivia? Oh, sie ist nie überrascht. Sie scheint immer etwa eine halbe Stunde, bevor sie passieren, über Dinge nachgedacht zu haben. Ungefähr eine halbe Stunde nachdem sie passiert sind, fängt George erst an, sie zu fassen. (*Betrachtet ihn und streichelt sein Haar* .) Schließlich gibt es keinen Grund, warum George dich nicht mögen sollte, Liebling.

BRIAN . Ich bin wirklich nicht sein Typ.

DINA . Du bist eher der Typ von Olivia. Nun, wir werden es Olivia heute Morgen erzählen.

(OLIVIA *kommt vom oberen Ende der Treppe nach rechts herein* .)

OLIVIA (*kommt herein*). Und was wirst du Olivia heute Morgen erzählen? (*Sie springen auf und gehen zu ihr* .)

DINA . Olivia, Liebling–

OLIVIA : Oh, nun ja, ich glaube, ich kann es erraten.

(DINA *geht zu ihr* R, *und* BRIAN *zu ihr* L., *und sie bringen sie runter* C.)

BRIAN (*folgend*). Sagen Sie, dass Sie es verstanden haben, Frau Marden.

OLIVIA . Ich fürchte, Mrs. Marden ist eine sehr dumme Person, Brian, aber ich denke, wenn Sie Olivia fragen würden, ob sie es versteht –

BRIAN . Gott segne dich, Olivia. Ich *wusste,* dass du auf unserer Seite sein würdest.

DINA . Natürlich würde sie das tun.

OLIVIA . Ich weiß nicht, ob es üblich ist, eine Schwiegertante zu küssen, Brian, aber Dinah ist eine ganz besondere Nichte, die – (*sie neigt ihre Wange und* BRIAN *küsst es*).

DINAH (weicht *ein wenig zu* B. *zurück*). Ich sage, du hast heute Glück, Brian.

(BRIAN *geht nach oben* C. *lachend* .)

OLIVIA (*unter dem Sofa links hindurch und links hinauf zum Schrank*). Und wie vielen Menschen wurde die gute Nachricht mitgeteilt? BRIAN . Noch niemand.

DINA . Außer Mr. Pim.

BRIAN (*überquert zu* DINA). Oh, tut er –

OLIVIA (*Zeitpunkt, als sie den Schrank erreicht, oben* links): Wer ist Mr. Pim?

DINA . Oh, er ist einfach passiert – (OLIVIA *nimmt Vorhänge und Arbeitskorb aus dem Mittelschrank* .) – Ich sage, sind das die Vorhänge? Dann wirst du sie doch haben?

OLIVIA (*mit einem Ausdruck der Überraschung kommt sie links herunter, stellt den Arbeitskorb auf den Tisch LC und setzt sich mit Vorhängen hin*). Was denn? Aber ich habe mich schon vor langer Zeit für sie entschieden. (*Zu* BRIAN .) Du hast es George noch nicht erzählt.

BRIAN (*bewegt sich zu LC unterhalb des Stuhls*). Ich fing an, wissen Sie, aber ich kam nie weiter als „Ähm – da ist nur – äh –"

DINAH (*geht schnell nach unten* OLIVIA *und ihr ins Gesicht sprechen*). George redete ständig über *Schweine* .

OLIVIA . Nun, ich nehme an, Sie möchten, dass ich Ihnen helfe.

DINAH (*sitzend vor* L. *von* OLIVIA). Oh, tu es, Liebling.

BRIAN (*sitzt auf dem Hocker* LC). Es wäre furchtbar anständig von dir. Natürlich bin ich nicht wirklich sein Typ –

DINA . Du bist mein Typ.

BRIAN . Aber ich glaube nicht, dass er Einwände gegen mich hat, und–

(GEORGE *kommt von Terrace herein, ein typischer, engstirniger, ehrlicher Landherr von etwa vierzig Jahren.* BRIAN *erhebt sich hastig und geht über das Klavier zu* R. DINAH *erhebt sich und steht am Kamin.* OLIVIA *faltet Vorhänge auseinander und bereitet sich auf das Nähen vor* .)

GEORGE (*am Fenster – er sieht nicht* BRIAN). Hallo! Hallo! Hallo! Was hat es mit einem Mr. Pim auf sich? Wer ist er? Wo ist er? (*Er legt seine Mütze auf den Tisch und kommt ins Zimmer* .) Ich hatte eine wichtige Angelegenheit mit Lumsden, und das Mädchen kommt herunter und gackert über einen Mr. Pim oder Ping oder so etwas. Wo habe ich seine Karte hingelegt? (*Bringt es heraus* .) Carraway Pim. Ich habe noch nie in meinem Leben von ihm gehört (*geht zurück zum Schreibtisch und legt die Karte hin*).

DINA . Er sagte, er hätte ein Empfehlungsschreiben, Onkel George.

GEORGE . Oh, du hast ihn gesehen, oder? (*Kommt von C nach* R.) Ja, das erinnert mich daran, da war ein Brief – (*er holt ihn heraus und liest ihn*).

DINA . Er musste ein Telegramm schicken. Er kommt zurück.

OLIVIA . Gib mir die Schere, Brian.

BRIAN (*geht zum oberen Tisch* LC). Diese? (*Er geht an ihnen vorbei* .)

OLIVIA (*geben* BRIAN *ein aufmunterndes Nicken und ein Blick in die Runde* DINA). Danke schön.

GEORGE (*liest*). Na ja, ein Freund von Brymer, ich freue mich, ihm den Gefallen zu tun. Ja, ich kenne den Mann, den er will. Kommst du zurück, sagst du, Dinah? (DINA *nickt* .) Dann gehe ich auch zurück. Schicken Sie ihn auf die Farm, Olivia, wenn er kommt. (*Der Aufstieg trifft sich* BRIAN .) Hallo, was ist mit dir passiert? (*Bewegt sich immer noch ein wenig nach oben* .)

OLIVIA . Geh nicht, George, wir wollen über etwas reden. (DINA *pfeift lange. Alle sehen verlegen aus und* GEORGE *bemerkt ihre Haltung* .)

GEORGE . Hallo, was ist das?

BRIAN (*schnell und rückwärts vom Tisch zu* OLIVIA). Soll ich-! (DINA *Pantomimen. "Ja mach."*)

OLIVIA (*mit einer schelmischen Beute an* DINA). Ja, (*Stecknadel in der Arbeit* .)

BRIAN (*geht zu* C.) Ich wollte Ihnen heute Morgen schon alles erzählen, Sir, aber ich schien keine Gelegenheit zu haben, es herauszubringen.

GEORGE . Also was ist es?

(BRIAN *schaut für einen Moment verblüfft* zu OLIVIA *zur Ermutigung. Sie nickt zustimmend und dreht sich um* DINAH *nimmt aufmunternd ihre Hand–*)

BRIAN (*mutig*). Ich möchte Dinah heiraten, Sir.

GEORGE . Du willst Dinah heiraten? Gott segne meine Seele!

DINAH (*stürmt auf ihn zu und nach* rechts , *zieht ihre Wange an seinen Mantel und legt ihre Hände auf seine Schulter*). Oh, sag doch, dass dir die Idee gefällt, Onkel George.

GEORGE . Die Idee gefällt mir! (*Nimmt ihre Hände von seiner Schulter* .) Hast du von diesem Unsinn gehört, Olivia?

(*Bewegung der Verärgerung von* DINA .)

OLIVIA . Sie haben es mir gerade erst gesagt, George. Ich denke, sie würden glücklich zusammen sein.

GEORG (*Übergang zum Kamin* L., *zu* BRIAN). Und was schlagen Sie vor, um gemeinsam glücklich zu sein?

BRIAN (RC). Natürlich weiß ich, dass es im Moment nicht viel ausmacht, aber wir werden nicht verhungern.

DINA . Brian hat letzten März fünfzig Pfund für ein Bild bekommen!

GEORGE (*ein wenig verärgert darüber*). Oh! (*Erholt sich mutig* .) Und wie viele Bilder haben Sie seitdem verkauft?

BRIAN (*wirft einen nervösen Blick zu* OLIVIA *Und* DINAH , *die dann auf Sofa* R sitzt. Na ja, keine, aber—

GEORGE . Keiner! Und das wundert mich nicht. Wer zum Teufel kauft schon Bilder mit dreieckigen Wolken und quadratischen Schafen? (BRIAN *rückt genervt nach oben,* RC) Und das nennt man heutzutage Kunst! Guter Gott, Mann (*geht an die Fenster*), geh raus und schau dir die Wolken an!

OLIVIA (*beschäftigt mit dem Nähen von Ringen an Vorhängen*). Wenn er in Zukunft runde Wolken zeichnet, George, wirst du ihn dann Dinah heiraten lassen?

(GEORGE *schaut sich genervt um.* BRIAN *ist hoffnungsvoll und kommt herab* DINA .)

GEORGE (*darüber verärgert, landet an der Spitze des* LC- *Tisches*). Was was? Ja, natürlich wären Sie auf seiner Seite – dieser ganze futuristische Unsinn. (OLIVIA *beginnt zu nähen* .) Ich nehme nur diese Wolken als Beispiel. (*Übergang zu* BRIAN .) Ich glaube, ich kann so gut sehen wie jeder andere Mann in der Gegend, und ich sage, dass Wolken nicht dreieckig sind.

BRIAN (*einschmeichelnd*). Schließlich, mein Herr, ist es in meinem Alter von Natur aus experimentierfreudig und versucht (*lachend*) sein Ausdrucksmittel zu finden. Ich werde direkt herausfinden, was ich machen möchte, aber ich denke, dass ich immer genug verdienen kann, um davon leben zu können. Nun ja, das habe ich in den letzten drei Jahren getan.

GEORGE . Ich verstehe, und jetzt willst du mit einer Frau experimentieren –

BRIAN . Ja – nein – nein –

DINA . Ja, das tust du,

BRIAN . Ja.

GEORGE . Und Sie schlagen vor, mit meiner Nichte zu experimentieren?

BRIAN (*achselzuckend*). Nun, natürlich, wenn Sie –

OLIVIA . Du könntest das Experiment unterstützen, Liebling, indem du Dinah ein gutes Taschengeld gibst, bis sie einundzwanzig ist.

GEORGE . Helfen Sie dem Experiment! Ich *möchte dem Experiment* nicht helfen. (*Geht zum Schreibtisch* .)

OLIVIA (*entschuldigend*). Oh, das dachte ich.

GEORGE . Du wirst reden, als wäre ich aus Geld gemacht. Da die Steuern immer steigen und die Mieten immer sinken, ist es das Beste, was wir tun können, um so weiterzumachen, wie wir sind (*ganz hinten in* der LC- *Tabelle*), ohne Rücksicht auf alle zu nehmen, die denken, sie möchte heiraten. (*Zu* BRIAN .) Und das ist dir zu verdanken, mein Freund.

BRIAN (*überrascht*). Mir?

OLIVIA . Du hast es mir nie gesagt, Liebling. Was hat Brian gemacht?

DINAH (*empört*). Er hat nichts getan.

GEORGE (*rund bis zum Fußende des Tisches* LC). Er ist einer Ihrer Sozialisten, die das Land auf den Kopf stellen.

OLIVIA . Aber auch Sozialisten müssen manchmal heiraten.

GEORGE (*überquert unten* OLIVIA *zum Kamin*). Ich sehe keine Notwendigkeit.

OLIVIA . Aber nach dem Abendessen hättest du niemanden mehr, den du verfluchen könntest, Liebling, wenn sie alle aussterben würden.

BRIAN (*kommt ein kleines* C.). Wirklich, Sir, ich verstehe nicht, was meine Politik und meine Kunst damit zu tun haben. Ich bin absolut bereit, darüber nicht zu reden, wenn ich in deinem Haus bin, und da Dinah anscheinend nichts dagegen einzuwenden hat –

DINAH (*bewegt sich auf* BRIAN *und für ihn eintreten*). Ich denke, dass sie das nicht tut.

GEORGE . Oh, ich glaube, man kommt um die Frauen herum.

BRIAN . Nun, es ist Dinah, mit der ich heiraten und zusammenleben möchte. Im Grunde kommt es also darauf an, dass Sie nicht glauben, dass ich eine Frau ernähren kann.

GEORGE . Nun, wenn Sie es durch den Verkauf von Bildern erreichen wollen, glaube ich nicht, dass Sie das schaffen.

BRIAN (*geht nach* rechts *von Tisch* LC). Also gut, sagen Sie mir, wie viel ich in einem Jahr verdienen soll, und ich werde es verdienen.

GEORGE (*Absicherung*). Es ist nicht nur eine Frage des Geldes. Ich erwähne das nur als eine Sache – als eines der wichtigen Dinge. (GEORGE *kreuzt zu*

BRIAN *wer den Rücken zukehrt* DINAH .) Außerdem glaube ich, dass ihr beide zu jung zum Heiraten seid. (DINA *stampft mit dem Fuß auf* .) Ich glaube nicht, dass du weißt, was du denkst (DINAH *kniet niedergeschlagen auf dem Sofa* R.), und ich bin überhaupt nicht davon überzeugt, dass ich bei dem, was ich so zu nennen wage, Ihren unverschämten Geschmack habe –

DINA . Oh!

GEORGE Du und meine Nichte werden glücklich zusammen leben. (*Pause. Geht zum Schreibtisch und setzt sich* .) Nur weil sie denkt, dass sie dich liebt, kann sich Dinah jetzt einreden, dass sie mit allem, was du sagst und tust, einverstanden bist, aber sie ist in einem ehrlichen englischen Landhaushalt ordnungsgemäß aufgewachsen – (DINA *wirft ihre Arme hoch und vergräbt ihr Gesicht in ihren Händen am Klavier*) und – ähm – sie – nun, kurz gesagt, ich kann eine Verlobung zwischen Ihnen überhaupt nicht gutheißen. (*Steht auf* .) Olivia, wenn dieser Mr. – äh – Pim kommt, werde ich unten auf der Farm sein. Vielleicht schickst du ihn zu mir.

(*Er geht zu den Fenstern nach* links.)

BRIAN (*bewegt sich nach* rechts, *gefolgt von* DINA ; *empört*). Gibt es einen Grund, warum ich kein Mädchen heiraten sollte, das anständig erzogen wurde?

GEORGE . Ich denke, du kennst meine Ansichten, Strange.

(DINA , *enttäuscht, kreuzt* R. *erneut nach unten, bis sie unterhalb des Tisch* -RC liegt)

OLIVIA . George, warte einen Moment, Liebes. Wir können es nicht ganz so belassen.

GEORGE . Ich habe alles gesagt, was ich zu diesem Thema sagen möchte.

(DINA *sitzt auf Sofa* R.)

OLIVIA . Ja, Liebling, aber ich habe noch nicht alles gesagt, was *ich* zu diesem Thema sagen möchte.

GEORGE (*geht zur Rückseite des Tisches* LC). Wenn du etwas zu sagen hast, Olivia, werde ich es dir natürlich anhören. aber ich weiß nicht, ob das jetzt genau der richtige Zeitpunkt ist–(OLIVIA *macht eine deutliche Bewegung, während sie die Vorhänge näht*), oder dass Sie sich entschieden haben – (*blickend düster auf die Vorhänge schauend*) –, dass Sie sich für eine Beschäftigung entschieden haben, die mir wahrscheinlich – ähm – Ihre Ansichten gefallen lassen wird.

DINAH (*rebellisch, erhebt sich schnell und geht zum Hocker, auf dem sie kniet und hineinschaut* GEORGES *Gesicht und schlägt auf den Tisch*). Ich kann Ihnen genauso gut sagen, Onkel George, dass ich auch viel zu sagen habe.

(BRIAN *geht zu ihrem R., zieht vorsichtig an ihrem Ärmel und versucht, sie zurückzuhalten* .)

OLIVIA . Ja, Liebling. Ich kann mir vorstellen, was du sagen wirst, Dinah, und ich denke, du solltest es lieber für den Moment behalten.

DINAH (*demütig, rückwärts zu R. weiter unten BRIAN und nach L. der Tabelle RC*). Ja, Tante Olivia.

OLIVIA . Brian, du gehst vielleicht mit ihr spazieren. Ich gehe davon aus, dass Sie viel Gesprächsstoff haben.

(BRIAN *Und* DINA *nach oben bewegen R.*)

GEORGE (*folgt ihnen*). Nun denk dran, seltsam, kein Liebesspiel. Ich wünsche Ihnen diesbezüglich eine Ehre.

BRIAN (*schaut sich zweifelnd um* DINA). Ich werde mein Bestes tun, um es zu vermeiden, Sir.

DINAH (*frech*). Darf ich seinen Arm nehmen, wenn wir einen Hügel hinaufgehen?

OLIVIA . Ich bin mir sicher, dass Sie beide wissen, wie man sich zu benehmen hat.

BRIAN (R. *von Schreibtisch*). Dann komm schon, Dinah.

DINAH (*folgt ihm*). Richtig. (*Sie gehen durch die Fenster und nach* links.)

GEORGE (*während sie gehen*). Und wenn Sie Wolken sehen, Strange, schauen Sie sie sich genau an. (*Er kichert vor sich hin* .) Dreieckige Wolken – so einen Unsinn habe ich noch nie gehört. (*Er geht zurück zu seinem Stuhl am Schreibtisch und setzt sich* .) Futuristischer Blödsinn... Na, Olivia?

OLIVIA (*Vorhänge nähen*). Na, George?

GEORGE . Was machst du?

OLIVIA . Vorhänge herstellen – (*missbilligendes Grunzen von* GEORG)–Georg. Werden sie nicht ziemlich süß sein? Oh, aber ich habe es vergessen – du magst sie nicht.

GEORGE . Nein, ich mag sie nicht, und außerdem habe ich nicht vor, sie in meinem Haus zu haben. Wie ich Ihnen gestern sagte, ist dies das Haus eines einfachen Landherrn, und ich möchte keine dieser neumodischen Ideen darin haben.

OLIVIA . Ist die Heirat aus Liebe eine neue Idee?

GEORGE . Wir kommen gleich darauf zurück. Keine von euch Frauen kann sich an den Punkt halten. Was ich jetzt sage, ist, dass das Haus meiner Väter und Vorfahren gut genug für mich ist.

OLIVIA . Weißt du, George, ich kann hören, wie einer deiner Vorfahren das zu seiner Frau in ihrer stinkenden alten Höhle sagte – (GEORGE *blickt verärgert über ihre Leichtfertigkeit auf*) – als die neue Idee, Häuser zu bauen, zum ersten Mal vorgeschlagen wurde. „Die Höhle meiner Vorfahren ist gut genug für –"

GEORGE (*erhebt sich und kommt zum rechten* LC - *Tisch*). Das ist lächerlich. Natürlich müssen wir Fortschritte machen. Aber das ist genau der Punkt. (*zeigt auf die Vorhänge*) Ich nenne so etwas nicht Fortschritt. Es ist – ach – ein Rückschritt.

OLIVIA . Naja, jedenfalls ist es hübsch.

GEORGE . Da stimme ich Ihnen nicht zu. Und ich muss noch einmal sagen, dass ich sie nicht in meinem Haus hängen lassen werde. (*Geht nach oben* RC)

OLIVIA . Sehr gut, George. (*Aber sie arbeitet weiter* .)

GEORGE (*sieht sie weiter nähen und bleibt stehen*). Daher sehe ich keine Notwendigkeit, mit ihnen weiterzumachen.

OLIVIA . Nun, ich muss etwas damit machen, jetzt, wo ich das Material habe.

(GEORGE *geht zum Schreibtisch, setzt sich und schreibt* .)

Ich dachte, ich könnte sie vielleicht verkaufen, wenn sie fertig sind – da wir so arm sind.

GEORGE (*dreht sich mit überraschtem Blick zu ihr um*). Was meinst du damit – so arm?

OLIVIA . Nun, Sie sagten gerade, dass Sie Dinah keinen Zuschuss geben könnten, weil die Mieten gesunken seien.

GEORGE (*verärgert*). Verdammt, Olivia! Bleiben Sie bei der Sache! Wir werden direkt über Dinahs Angelegenheiten sprechen. Wir besprechen im Moment unsere eigenen Angelegenheiten.

OLIVIA . Aber was gibt es da zu besprechen, Liebes?

GEORGE . Nun, diese lächerlichen Dinge.

OLIVIA . Aber wir haben das erledigt. Du hast gesagt, dass du sie nicht in deinem Haus hängen lassen würdest, und ich habe gesagt: „Sehr gut, George." –(GEORGE *ist wieder genervt* .) – Jetzt können wir zu Dinah und Brian übergehen.

GEORGE (*schreit*). Aber legen Sie diese abscheulichen Dinger weg.

OLIVIA (*steht auf und zieht die Vorhänge zu*). Sehr gut, George.

(Sie *geht nach* links *und hängt die Vorhänge an den Schrank* .)

GEORGE (*wartet ungeduldig, bis sie sie oben auf dem Schrank verstaut hat*). Ah! Das ist besser.

(OLIVIA *kommt zu Tisch* LC, *schließt ihre Arbeitsbox und geht dann zu Sofa* R.)

GEORGE (*erhebt sich und geht hinunter zu* OLIVIA *und legte ihr liebevoll die Arme auf die Schulter* . Schau mal, Olivia, altes Mädchen, du warst eine wirklich gute Frau für mich – (*nimmt seine Arme von ihrer Schulter*) – und wir haben nicht oft Streit, und wenn ich dir gegenüber unhöflich gewesen bin – Ich habe vielleicht ein bisschen die Beherrschung verloren, was? – Ich sage, es tut mir leid. Darf ich einen Kuss bekommen?

OLIVIA (*hält ihr Gesicht hoch*). George, Liebling! (*Er küsst sie* .) Liebst du mich?

GEORGE . Das weißt du, altes Mädchen.

OLIVIA . So sehr liebt Brian Dinah?

GEORGE (*steif, nimmt ihre Hände von seinen Schultern*). Ich habe alles gesagt, was ich dazu sagen möchte. (*Er geht von ihr weg zu* L.)

OLIVIA . Oh, aber es gibt bestimmt eine Menge, die Sie sagen möchten und vielleicht auch nicht gerne sagen. (*Setzt sich auf Sofa* R.) Sag es mir, Liebling.

GEORGE (*kommt zurück zu* C.). Worum es geht, ist Folgendes. Ich denke, dass Dinah zu jung ist, um sich einen Ehemann auszusuchen, und dass Strange nicht der Ehemann ist, den ich für sie wählen sollte.

OLIVIA . Du hast ihn gestern Brian genannt.

GEORGE . Gestern habe ich ihn als Jungen betrachtet, jetzt möchte er, dass ich ihn als Mann betrachte.

OLIVIA . Er ist vierundzwanzig.

GEORGE . Ja, und Dinah ist neunzehn. Lächerlich. (*Geht rechts zum Rauchertisch und stopft seine Pfeife, die er auf dem Tisch findet* .)

OLIVIA . Wenn er ein Konservativer gewesen wäre und geglaubt hätte, dass Wolken rund seien, wäre er vermutlich irgendwie älter vorgekommen.

GEORGE . Das ist ein ganz anderer Punkt. Das hat nichts mit seinem Alter zu tun.

OLIVIA (*unschuldig*). Oh, ich dachte, das wäre der Fall.

GEORGE (*überquert C. und stopft Tabak in seine Pfeife*). Wogegen ich Einwände habe, sind diese lächerlich frühen Eheschließungen, bevor eine Partei ihre eigene Meinung kennt, geschweige denn die Meinung der anderen Partei. (*Sie geht zum Kamin und sucht nach einem Streichholz* .) Solche Ehen führen unweigerlich zum Unglück.

OLIVIA . Natürlich war *meine* erste Ehe nicht glücklich.

GEORGE . Wie du weißt, Olivia, rede ich überhaupt nicht gern über deine erste Ehe – (*nimmt ein Streichholz vom Tisch unten L. OLIVIA erhebt sich langsam und geht bis zur* rechten Seite *des Schreibtisches*) – und ich hatte nicht vor, es jetzt zur Sprache zu bringen, aber da Sie es erwähnen – nun, es gibt ein typisches Beispiel. (*Setzt sich auf Sofa* L. und *zündet sich seine Pfeife an* .)

OLIVIA (*rückblickend*). Als ich achtzehn war, war ich verliebt.

GEORGE (*dreht sich zu ihr um*). Was?

OLIVIA . Oder vielleicht dachte ich nur, dass ich es wäre, und ich weiß nicht, ob ich glücklich gewesen wäre oder nicht, wenn ich ihn geheiratet hätte. Aber mein Vater zwang mich, Mr. Jacob Telworthy zu heiraten. (GEORGE *(sieht genervt zu ihr auf* .) Und als es ihm in England zu heiß war – „zu heiß für ihn" – ich glaube, das war der Ausdruck, den wir damals verwendeten –, sind wir nach Australien gegangen, und ich habe ihn dort zurückgelassen. (*Geht langsam zur Rückseite des Sofas* L.) Und der einzige glückliche Moment, den ich in meinem ganzen Eheleben hatte, war der Morgen, als ich in den Zeitungen sah, dass er tot war. (*Beugt sich mit den Armen über die Sofalehne* .)

GEORGE (*sehr unbehaglich, aber liebevoll nimmt er ihre Hände mit der linken Hand*). Ja, ja, meine Liebe, ich weiß, ich weiß. Du musst eine schreckliche Zeit gehabt haben. Ich kann es kaum ertragen, darüber nachzudenken. Meine einzige Hoffnung ist, dass ich es einigermaßen wieder gut gemacht habe . (*Sie legt liebevoll ihre linke Wange auf seinen Kopf* .) (*lässt ihre Hände fallen* .) Aber ich verstehe nicht, welchen Zusammenhang das mit Dinahs Fall hat.

OLIVIA . Oh, nichts, außer dass *mein* Vater Jacobs politische Ansichten und seine Ansichten zur Kunst *mochte*. (*Langsam um* den LC- *Tisch herum bis unter den Hocker am Fuß* .) Ich gehe davon aus, dass er ihn deshalb für mich ausgewählt hat.

GEORGE . Du scheinst zu denken, dass ich mir einen Ehemann für Dinah aussuchen möchte. Ich überhaupt nicht. Lass sie wählen, wen sie mag, solange er sie unterstützen kann und die Chance besteht, dass sie zusammen glücklich werden. Nun, was diesen Kerl betrifft –

OLIVIA . Du meinst Brian?

GEORGE . Nun ja, er hat kein Geld und wurde ganz anders erzogen als Dinah. Dinah ist vielleicht bereit zu glauben, dass – ähm – alle Kühe blau sind und dass – ähm – Wellen quadratisch sind, aber sie wird nicht ewig daran glauben.

OLIVIA . Brian auch nicht.

GEORGE (*geht zum* rechten *Ende des Sofas*). Nun, das sage ich ihm immer wieder, nur dass er es nicht sieht. Genauso wie ich dir immer wieder von diesen lächerlichen Vorhängen erzähle. (*Zeigt mit der Pfeife in der rechten Hand über der linken Schulter auf den Schrank* .) Mir kommt es so vor, als wäre ich die einzige Person im Haus, die noch sehen kann.

OLIVIA . Vielleicht bist du das, Liebling; aber Sie müssen uns unsere eigenen Fehler selbst herausfinden lassen. (*Setzt sich auf den Hocker* LC) Auf jeden Fall ist Brian ein Gentleman; er liebt Dinah, Dinah liebt ihn; Er verdient genug, um sich selbst zu ernähren, und Sie verdienen genug, um Dinah zu ernähren.

GEORGE (*erstaunt*). Was?

OLIVIA . Ich denke, es ist das Risiko wert, George.

GEORGE (*steif*). Ich kann nur sagen, dass die ganze Frage weitaus ängstlichere Überlegungen erfordert, als Sie anscheinend getan haben. Sie sagen, dass er ein Gentleman ist. Er weiß, wie man sich benimmt, das gebe ich zu; aber wenn seine Moral genauso durcheinander ist wie sein Geschmack und – äh – seine Politik, woran ich keinen Zweifel habe (*aufsteigend und zu* L. wechselnd), dann – äh – kurz gesagt, ich befürworte Brian Strange *nicht als* ein Ehemann für meine Nichte und mein Mündel. (*Schlägt das Rohr nach links heraus* .)

OLIVIA (*sieht ihn nachdenklich an*). Du *bist* eine seltsame Mischung, George. Du warst so sehr unkonventionell, als du mich geheiratet hast, und du bist so sehr konventionell, als Brian Dinah heiraten will ... George Marden, um die Witwe eines Sträflings zu heiraten!

GEORGE (*vorrückend*). Sträfling! Wie meinst du das?

OLIVIA . Jacob Telworthy, Sträfling – ich habe seine Nummer vergessen – das habe ich dir bestimmt alles erzählt, mein Lieber, als wir uns verlobt haben?

GEORGE . Niemals!

OLIVIA . Oh, aber ich habe Ihnen erzählt, wie er in England leichtsinnig die falsche Unterschrift auf einen Scheck über tausend Pfund gesetzt hat; wie er bei zwei oder drei Unternehmen, die er in Australien beworben hatte, einen kleinen Fehler machte; und wie-

GEORGE . Ja, ja (*geht langsam nach* C. *unten* OLIVIA), aber du hast mir nie erzählt, dass er – nun ja – *verurteilt wurde* !

OLIVIA . Welchen Unterschied macht es?

GEORGE . Meine liebe Olivia, wenn du das nicht sehen kannst – na ja!

OLIVIA . Oh! Ein Sträfling! Wir müssen also nicht zu sehr auf unsere Nichte achten, oder?

GEORGE . Ich denke, wir sollten Ihren ersten Ehemann besser ganz aus dem Gespräch herauslassen. Ich wollte mich nie auf ihn beziehen; Ich möchte nie wieder etwas von ihm hören. Ich hatte sicherlich nicht bemerkt, dass er tatsächlich – ähm – verurteilt wurde, weil er – ähm – (*zum Schreibtisch ging und seine Mütze aufhob*).

OLIVIA . Fehler.

GEORGE . Nun, darauf müssen wir nicht näher eingehen. Was diese andere Angelegenheit betrifft, nehme ich sie keinen Moment ernst. Dinah ist ein außergewöhnlich hübsches Mädchen und jung. Strange ist ein gutaussehender Junge. (*Kommt auf die Rückseite des Sofas* L.) Wenn sie sich zueinander hingezogen fühlen, dann ist das nur eine äußere Anziehung, die meiner Überzeugung nach nicht zu dauerhaftem Glück führen wird. (OLIVIA *will gerade protestieren* .) Das muss als mein letztes Wort in dieser Angelegenheit angesehen werden, Olivia. Wenn dieser Herr – ähm – wie war sein Name, kommt, werde ich unten auf der Farm sein. (GEORGE *geht über die Treppe nach* rechts hinaus.)

(*Allein gelassen,* OLIVIA *steht auf, geht nach oben* (C.), *nimmt ihre Vorhänge wieder auf und geht nach unten.* L. *setzt sich auf das Sofa und macht sich in aller Ruhe daran, daran zu arbeiten* .)

(DINA *Kommt von oben* rechts durch die Fenster herein *und geht zum* linken *Fenster hinten, dann sieht er* OLIVIA winkt BRIAN *und verläuft bis zur Rückseite des Sofas nach* rechts OLIVIA . BRIAN *tritt von oben* rechts ein *und folgt bis zur Rückseite des Tisches* LC)

DINAH (*über der Rückseite des Sofas*). Fertig?

OLIVIA (*erschrocken*). Oh nein, ich muss all diese Ringe anziehen.

DINA . Ich meinte, mit George zu reden.

OLIVIA . Oh!

BRIAN . Wir gingen draußen umher –

DINA . Bis wir hörten, dass er *nicht* mehr mit dir redete –

BRIAN . Und wir haben uns kein einziges Mal geküsst.

DINAH UND BRIAN (*zeigen schelmisch und zufrieden auf* OLIVIA). Ah!

DINA . Brian war sehr George-artig. Er ließ nicht einmal zu, dass ich seinen Nacken kitzelte. (*Sie geht plötzlich zu* OLIVIA *und setzt sich auf ihre* L.) Liebling (*legt ihre Arme um* OLIVIA *und sie zu küssen*), ist es sehr schön, wie George zu sein – ich meine, es ist schön, für andere Menschen zu sein – ich meine – oh, du weißt, was ich meine. Aber sagen Sie, dass er dabei anständig sein wird.

OLIVIA . Natürlich ist er das, Dinah.

BRIAN (*sitzt auf dem Hocker* LC *und beugt sich eifrig nach vorne*). Du meinst, er lässt mich hierher kommen, als – als –

DINA . Als mein junger Mann?

OLIVIA . Oh, das glaube ich.

DINAH (*küssend* OLIVIA). Olivia, du bist ein Wunder.

(*Umarmt sie um den Hals* .)

(*Aufsteigen und unten überqueren* BRIAN *berührt ihn an der Schulter* .)

BRIAN !

(*Geht zum Klavier, setzt sich hin und spielt fünf Takte von* „Der Hochzeitsmarsch“, *erhebt sich und geht nach hinten* BRIAN *zu* L. *von* OLIVIA *hinter dem Sofa* .)

Hast du ihn wirklich überredet?

OLIVIA . Ich habe noch nichts gesagt.

DINAH (*sehr enttäuscht*). Oh!

(BRIAN *erhebt sich und geht zurück zu* C.)

OLIVIA . Aber ich wage zu behaupten, dass mir etwas einfallen wird.

BRIAN . Oh! mein Herr.

DINAH (*enttäuscht*). Oh!

BRIAN (*geht nach* C.). Schließlich, Dinah, fahre ich morgen zurück nach London –

DINAH (*geht schnell auf sie zu* BRIAN). Oh nein nein!

OLIVIA . Nun, Dina. Du kannst noch einen Tag lang brav sein, und wenn Brian dann nicht hier ist, werden wir sehen, was wir tun können.

DINAH (*legt ihre Hände auf* BRIANS *Schultern*). Ja, aber ich wollte nicht, dass er morgen zurückkommt.

BRIAN (*streng, nimmt ihre Hände weg*). Muss. Vor mir liegt harte Arbeit. (DINA *rückt an die Rückseite der Tabelle* LC) Verdienen Sie Tausende pro Jahr. (*Runtergehen* R. DINAH *Und* OLIVIA *sind amüsiert*). Malen Sie den Bürgermeister und die Gesellschaft von Pudsey in Lebensgröße, einschließlich Amtsketten; Malen Sie ein Stück Schellfisch auf den Teller. Kopieren Sie Landseer für den alten Herrn in Bayswater. Design-Antimacassar für Sofa mittleren Alters in Streatham. (*Er setzt sich auf Sofa R und legt die Beine hoch* .) Oh ja. Verdienen Sie Ihren Lebensunterhalt. Dina.

DINAH (*kichert*). Oh, Brian, du bist himmlisch. Was für ein Spaß werden wir haben, wenn wir verheiratet sind.

BRIAN (*mit übertriebener Würde*). Sir Brian Strange, RA, bitte, Miss Marden. Sir Brian Strange, RA, schreibt: „Ihr Sanogene hat sich als hervorragendes Stärkungsmittel erwiesen. Nachdem ich den dritten Hektar meines Akademiefilms „Der Bürgermeister und die Gesellschaft von Pudsey" fertiggestellt hatte, war ich völlig erschöpft, aber eine Flasche Sanogene belebte mich. und ich habe die restlichen sieben Acres in einer einzigen Sitzung fertiggestellt."

OLIVIA (*steht auf und sieht sich um*). Brian, finde meine Schere für mich. (*Setzt sich wieder* .)

BRIAN (*steht auf und geht zu* C.). Schere. Sir Brian Strange, RA, sucht nach einer Schere.

(BRIAN verschränkt *die Hände hinter dem Rücken und schaut mit einem sehr wichtigen Schritt zuerst auf das obere Ende des Klaviers, dann auf den Schreibtisch hinten* . DINAH *folgt ihm spielerisch und ahmt seinen Gang nach* . BRIAN *geht nach links zum Schrank und findet die Schere oben, nimmt sie hoch und dreht sich in drohender Haltung zu ihr um* DINAH *rief: „ Ha, ha!"* DINA *Mit einem kleinen verspielten Schrei lehnt er sich zum Stuhl unter dem Schreibtisch zurück und setzt sich. Schere hochhalten* .)

Wieder einmal müssen wir einen uneingeschränkten Erfolg für den bedeutenden Akademiker verzeichnen. (*Ich wende mich an* OLIVIA *und reicht sie ihr mit einer Verbeugung über die Sofalehne* .) Deine Schere.

OLIVIA . Vielen Dank.

DINA . Komm, Brian, lass uns rausgehen. Ich fühle mich im Freien.

(*Sie gehen nach* rechts.)

OLIVIA . Kommen Sie nicht zu spät zum Mittagessen, es gibt gute Leute. Lady Marden kommt.

DINA . Tante Juli-ah! Helfen! (*Sie fällt in Ohnmacht* BRIANS *Arme* .) Das bedeutet eine saubere Schürze. Brian, du musst dir bestimmt die Haare bürsten.

BRIAN (*fühlt es*). Ich nehme an, wir haben jetzt keine Zeit, nach London zu fahren und es schneiden zu lassen?

(*Eingeben* ANNE *von der Treppe nach rechts und gelangt zum Fuß der Treppe, gefolgt von* PIM *, der die halbe Treppe hinunterkommt* .)

ANNE . Herr Pim!

DINAH (*erfreut*). Hallo. Herr Pim! (*Imitiert einen Clown* .) Da sind wir wieder! Sie werden uns doch nicht so einfach loswerden.

PIM . Ich – äh – liebe Miss Marden – (*geht zu* C.)

OLIVIA . Wie geht es Ihnen, Herr Pim? Ich kann nicht aufstehen, aber komm und setz dich (PIM *schüttelt Hände* OLIVIA .) Mein Mann wird in einer Minute hier sein. Anne, schick jemanden auf die Farm –

ANNE , ich glaube, ich habe den Meister in der Bibliothek gehört, Madam.

OLIVIA . Oh, sagst du es ihm dann?

ANNE . Ja Madame,

(ANNE *geht die Treppe hinauf* .)

OLIVIA . Sie bleiben natürlich zum Mittagessen, Mr. Pim?

DINAH (*kommt von* C *nach* R) Oh, tun Sie es!

PIM . Es ist sehr nett von Ihnen, Frau Marden, aber———

DINA . Oh, das müssen Sie einfach, Herr Pim. Du hast uns noch nicht halb genug über dich erzählt. Ich möchte alles über Ihr frühes Leben erfahren.

OLIVIA . Dina!

(DINA *sitzt am Klavier und spielt zweiunddreißig Takte von „If you Could only care"*.)

PIM . Oh, ich würde fast sagen, wir sind alte Freunde, Mrs. Marden.

(BRIAN *kommt herunter, kniet auf Sofa* R. *und hört zu* DINA *spielen* .)

DINA . Natürlich sind wir. Er kennt auch Brian. In Mr. Pim steckt mehr, als Sie denken. Du bleibst doch zum Mittagessen, nicht wahr?

PIM . (*setzt sich auf den Hocker* LC) Es ist sehr nett von Ihnen, mich zu fragen, Mrs. Marden, aber ich esse mit den Trevors zu Mittag.

OLIVIA . Na ja, Sie müssen an einem anderen Tag zum Mittagessen kommen.

PIM . Oh, danke, danke.

DINA . Der Grund, warum wir Herrn Pim so sehr mögen, ist, dass er der erste war, der uns gratulierte. Wir glauben, dass er einen großen Einfluss auf unser Leben haben wird.

PIM . (*Zu* OLIVIA). Ich bin sozusagen heute Morgen über die Verlobung gestolpert, und – äh –

OLIVIA . Ich verstehe. Kinder, ihr müsst gehen und euch aufräumen. Entlangrennen.

BRIAN . Sir Brian und Lady Strange rennen nie; Sie gehen.

(DINA *hört auf zu spielen* .) (*bietet seinen* rechten *Arm hin und verneigt sich* .) Madam!

(DINA *macht einen Knicks und nimmt seinen Arm und sie gehen nach oben* C.)

(DINA *macht kleine Schritte und schüttelt spielerisch die Hand* HERR PIM , *der amüsiert ist* .)

DINA . Au revoir, Mr. Pim. (*Dramatisch* .) Wir – werden – uns *wiedersehen* !

(PIM . *lacht herzlich, erhebt sich und verneigt sich* .)

(BRIAN *Und* DINA *geh durch das Fenster* von C *nach* L.)

OLIVIA . Sie müssen ihnen verzeihen, Herr Pim. Das sind solche Kinder. Und natürlich sind sie gerade ziemlich aufgeregt.

PIM . Oh, natürlich, natürlich!

OLIVIA . Über ihre Verlobung werdet ihr natürlich nichts sagen. Wir haben erst vor fünf Minuten davon gehört und es ist noch nichts geklärt.

PIM . Natürlich, natürlich!

(*Eingeben* GEORGE *von der Treppe nach oben* R.)

GEORGE . Ah, Mr. Pim, wir treffen uns endlich. Es tut mir leid, dass ich Sie bisher warten ließ. (*Hände schüttelnd*) Wie geht es dir? Wie geht es dir?

PIM . Die Entschuldigung sollte von mir kommen, Mr. Marden, dafür, dass ich – äh –

GEORGE . Gar nicht. Ich freue mich sehr, Sie jetzt kennenzulernen. Irgendein Freund von Brymer. Möchten Sie einen Brief an diesen Fanshawe?

OLIVIA . Soll ich dir überhaupt im Weg stehen?

PIM . Oh nein, nein, bitte nicht.

GEORGE . Ach nein. Es ist nur eine Frage eines Briefes. Fanshawe wird Ihnen ermöglichen, alles zu sehen, was Sie sehen möchten. (*Geht zum Schreibtisch und setzt sich .*) Er ist ein sehr alter Freund von mir. (*Nimm ein Blatt Notizpapier und drehe mich auf dem Stuhl um* PIM .) Du bleibst natürlich zum Mittagessen?

PIM . Es ist sehr nett von Ihnen, aber ich esse mit den Trevors zu Mittag. (*Setzt sich auf Sofa R. und legt seinen Hut und seine Handschuhe ab .*)

GEORGE . Na ja, sie werden sich schon gut um dich kümmern. Guter Kerl, Trevor.

PIM . Oh, sehr gut ... sehr gut. (*Zu* OLIVIA .) Sehen Sie, Frau Marden, ich bin erst vor kurzem aus Australien angekommen – (OLIVIA *hört beim Nähen auf und* GEORGE *schaut nach oben*) – nachdem ich einige Jahre um die Welt gereist bin und ich zu meinen – früheren – Kollegen in London kaum Kontakt mehr habe.

OLIVIA . Ich verstehe! Sie waren in Australien, Mr. Pim?

PIM . Oh ja, ich———

GEORGE (*nach einem lauten Husten*). Tut mir leid, dass Sie warten müssen, Herr Pim. Ich werde keinen Moment bleiben.

PIM . Oh, das ist alles in Ordnung, danke. (*Zu* OLIVIA .) Oh ja, ich war in den letzten Jahren mehr als einmal in Australien.

OLIVIA . Wirklich? Ich habe vor vielen Jahren in Sydney gelebt. Kennen Sie Sydney überhaupt?

PIM . Oh ja, ich war———

GEORGE (*hustet*). H'r'm! Vielleicht sollte ich besser erwähnen, dass Sie ein Freund der Trevors sind?
PIM . Danke Danke. (*Zu* OLIVIA .) Tatsächlich ja, ich habe vor ein paar Jahren mehrere Monate in Sydney verbracht.
OLIVIA . Wie neugierig! Ich frage mich, ob wir dort gemeinsame Freunde haben.
GEORGE (*hustet und schroff*). Äußerst unwahrscheinlich, sollte ich meinen. Sydney ist ein sehr großer Ort.
PIM . Stimmt, stimmt, aber die Welt ist ein sehr kleiner Ort, Mr. Marden. Ich hatte ein bemerkenswertes Beispiel dafür, als ich das letzte Mal mit dem Boot vorbeikam.
GEORGE . Ah! (*Da er das Gefühl hat, dass das Gespräch nun sicher ist, setzt er seinen Brief fort .*)
PIM . Ja. Es gab einen Mann, den ich vor einigen Jahren in Sydney angestellt hatte, ein schlechter Kerl, fürchte ich, Mrs. Marden, der wegen betrügerischer Firmenwerbung im Gefängnis gesessen hatte und Alkohol getrunken hatte und – und so weiter .

OLIVIA . Ja, ja, ich verstehe.

PIM . Er hat sich zu Tode getrunken, hätte ich sagen sollen. Ich habe ihm höchstens noch ein Jahr zu leben gegeben. Doch zu meinem Erstaunen war die erste Person, die ich sah, als ich letzte Woche an Bord des Bootes ging, das mich nach England brachte, dieser Kerl. Es gab keinen Zweifel an ihm. Ich habe tatsächlich mit ihm gesprochen; wir haben uns erkannt.

(GEORGE *erhebt sich* .)

OLIVIA . Wirklich?

PIM . Er reiste als Zwischendecker; Wir trafen uns an Bord nicht wieder, und wie es in Marseille geschah, dieser arme Kerl – äh – wie hieß er jetzt? Ein sehr ungewöhnliches. Begann mit einem – einem T, glaube ich.

OLIVIA (*mit unterdrücktem Gefühl*). Ja, Herr Pim, ja? (*Sie streckt eine Hand aus* GEORGE .)

GEORGE (*mit leiser Stimme, nimmt ihre Hand*). Unsinn, Liebes!

PIM (*triumphierend*). Ich habe es! Telworthy!

OLIVIA (*zieht sich überwältigt auf das Sofa zurück*). Telworthy!

GEORGE . Guter Gott!

PIM (*ein wenig überrascht über den Erfolg seiner Geschichte*). Ein ungewöhnlicher Name, nicht wahr? Kein Name, den man vergessen kann, wenn man ihn einmal gehört hat.

OLIVIA (*mit Gefühl, mit geballten Händen ins Leere blickend*). Nein, es ist kein Name, den man vergessen kann, wenn man ihn einmal gehört hat.

GEORGE (*kommt hastig herüber* PIM). Ganz richtig, Mr. Pim, ein äußerst bemerkenswerter Name, eine insgesamt äußerst seltsame Geschichte. Nun ja, hier ist dein Brief – (PIM *Rises and Tales-Brief*) – und wenn Sie sicher sind, dass Sie nicht bis zum Mittagessen bleiben werden –

PIM . Nein danke. Sehen Sie, ich esse zu Mittag mit –

GEORGE . Mit den Trevors, ja. Ich erinnere mich, dass du es mir erzählt hast. (*Nimmt seinen Arm und treibt ihn hoch* C.) Wir sehen uns dann auf dem Weg.... (*An* OLIVIA , *die es nicht bemerkt* PIM *streckt seine Hand aus, um sich zu verabschieden* .) Ähm – mein Lieber –

OLIVIA (*streckt ihre Hand aus, schaut ihn aber nicht an*). Auf Wiedersehen, Herr Pim.

PIM (*schüttelt Hände mit* OLIVIA). Auf Wiedersehen, auf Wiedersehen!

GEORGE (*nimmt ihn am Arm nach* links, *Richtung Fenster*). Hier entlang, hier entlang. Schneller für Sie.

PIM : Danke, danke.

(GEORGE *treibt ihn* C. hoch *und er geht zu* L. OLIVIA *schaut in die Vergangenheit und schaudert* . GEORGE *kommt zurück zu* C.)

GEORGE . Guter Gott! Telworthy! (ANNE *kommt von oben* rechts *und kommt zum Fuß der Treppe* .) Ist das möglich?

(*Vor* OLIVIA *Antworten können,* LADY MARDEN *wird angekündigt* .)

ANNE . Lady Marden.

(GEORGE *kreuzt nach unten* OLIVIA *und berührt sie an der Schulter. Sie reißen sich zusammen und* OLIVIA *erhebt sich und geht zur Begrüßung auf* C. *zu* LADY MARDEN *, die nicht erscheint* .)

SCHNELLER VORHANG.

AKT II

SZENE .— *Dieselbe Szene und Möbel, zusätzlich ein Campingtisch und fünf Campingstühle draußen auf der Terrasse hinten in der Mitte. Das Mittagessen ist vorbei.* LADY MARDENS *Peitsche und Handschuhe liegen auf dem Schreibtisch .*

(ANNE *kommt mit Kaffee für fünf Personen auf dem Tablett durch die Doppeltür* R. herein und ist gerade *dabei , ihn auf den Tisch* LC *zu stellen* OLIVIA , *die ihr folgt, sagt* :)

OLIVIA . Wir trinken Kaffee auf der Terrasse, Anne.

ANNE . Sehr gut, meine Dame. (*Bewegt sich nach* links *und stellt das Tablett auf den Lagertisch auf der Terrasse .)*

(LADY MARDEN *folgt* OLIVIA *von Doppeltüren* R. ANNE *Kreuze an der Rückseite der Fenster nach* R.)

OLIVIA . Wir trinken Kaffee auf der Terrasse, Tante Julia.

(LADY MARDEN *Kreuze vor* OLIVIA *und nach* links oben *durch die Fenster und sitzt* rechts *an der Rückseite des Lagertisches .* GEORGE *folgt* LADY MARDEN , *trifft sich* OLIVIA und *beide werfen verzweifelt die Arme in die Luft.* OLIVIA *geht durch die Fenster nach* links *und setzt sich* links an *den Lagertisch.* DINA *Und* BRIAN *folgen* GEORGE *An .)*

(ANNE *Ausgänge an den Türen* R.)

(GEORGE *dreht sich um und sieht* DINA *ist genervt, folgt* OLIVIA *oben* L. *und sitzt* L. *von* LADY MARDEN .)

DINAH (*bis* BRIAN). Ich weiß, dass Tante Julia ein bisschen Musik mag.

(DINA *kommt zum Klavier und greift zur kleinen Gitarre.* BRIAN *geht zu* L. *und lacht sie aus. Sie geht auf* die linke Seite *des Schreibtisches, spielt und singt, geht um die Rückseite des Schreibtisches herum und setzt sich rechts an* den Lagertisch. BRIAN *folgt ihr und steht mit dem Rücken zum Fenster.* GEORGE *Und* LADY MARDEN *sind genervt von* DINAHS *spielt und sagt ihr, sie soll aufhören, und sie tut es.* OLIVIA *gießt Milch hinein* DINAHS *Tasse und* BRIAN *gibt es ihr; Sie trinkt und beginnt dann wieder zu spielen und wird durch Blicke von ihr gestoppt* LADY MARDEN *Und* GEORGE .)

LADY MARDEN (*bis* DINA). NEIN! NEIN! Tu es nicht!

OLIVIA . Deiner Tante gefällt es nicht, Liebes.

(GEORGE *Und* OLIVIA *Ich möchte allein sein, also tue ich es* BRIAN *Und* DINA . *Zu guter Letzt* BRIAN *murmelt etwas über ein Zigarettenetui und das Fangen* DINAHS *Auge, kommt ins Zimmer. Er lehnt sich links unten an das Sofa und wartet auf sie .)*

DINAH (*laut, als sie hereinkommt und auf der Gitarre klimpert*). Hast du es gefunden?

BRIAN . Was gefunden?

DINAH (*mit ihrer normalen Stimme geht sie schnell zu* BRIAN). Das war nur zu *ihrem* Vorteil. Ich sagte, ich würde dir helfen, es zu finden. Es *ist* Ihr Zigarettenetui, nach dem wir suchen, nicht wahr?

BRIAN (*nimmt es heraus*). Ja. Habe eine?

DINA . Nein, danke, Liebling. (BRIAN *geht für ein Streichholz nach* rechts *in den Rauchertisch* .) Tante Juli-ah findet es immer noch undamenhaft ... Hast du sie jemals bummeln sehen? (*Kommt zum Klavier und legt das Instrument weg* .)

BRIAN . Nein. Ist das sehr damenhaft?

DINAH (*sitzt auf Sofa* R.). Sehr... ich sage, was ist passiert, denkst du?

BRIAN (*geht an die Rückseite des Tisches,* RC). Alles. Ich liebe dich und du liebst mich.

DINA . Dumm! Ich meinte zwischen George und Olivia. Sind sie dir beim Mittagessen nicht aufgefallen?

BRIAN (*setzt sich auf den Tisch*). Mir ist aufgefallen, dass Sie anscheinend die meiste Zeit redeten. Aber das ist mir schon manchmal aufgefallen. Glaubst du, Olivia und dein Onkel haben sich wegen *uns gestritten* ?

DINA . Natürlich nicht. George *denkt vielleicht* , dass er sich gestritten hat, aber ich bin mir ziemlich sicher, dass Olivia das nicht getan hat. Nein (DINA *winkt dazu* BRIAN , *der zu ihr kommt und sich über sie setzt*), glaube ich, dass Mr. Pim am Ende der Sache steckt. Er hat schrecklich traurige Neuigkeiten über Georges Investitionen überbracht. (*Aufstehen und zugewandt* BRIAN .) Das alte Haus muss verkauft werden.

BRIAN . Gut. Dann wird es deinem Onkel nichts ausmachen, wenn du mich heiratest.

DINAH (*am Tisch über Sofa* R.). Ja, Liebling, aber du musst es dramatischer angehen. „George", müssen Sie mit Tränen in den Augen sagen, „ich kann nicht die gesamte Hypothek für Sie abbezahlen. Ich habe nur zwei und neun Pence; aber lass mich dir wenigstens deine Nichte abnehmen." Dann wird George (*ihm auf die Schulter schlagend)* dir auf den Rücken klopfen und schroff sagen (*zu L. gehend*): „Du bist ein guter Kerl, Brian, ein verdammt guter Kerl", und er wird sich sehr laut die Nase putzen und sagen Sie: „Verdammt, diese Zigarre lässt sich nicht richtig ziehen."

BRIAN (*steht auf und geht zu* DINA). Dinah, du bist ein himmlischer Idiot. Und du musst mich einfach heiraten, Onkel hin oder her.

DINA . Stille! (*Sie nimmt seine Hand und sie setzen sich auf Sofa L. und verstecken sich vor den anderen im Hintergrund* .) Ich fürchte, es müssen „Onkel" sein, denn, wissen Sie, ich bin sein Mündel und kann nach Chancery oder Coventry oder woanders hingeschickt werden, wenn ich ohne seine Zustimmung heirate, nicht *wahr* ? Hat irgendjemand etwas dagegen, dass du *mich heiratest* ?

BRIAN . Niemand, dem Himmel sei Dank.

DINA . Nun, das ist ziemlich enttäuschend von dir. Ich sah, wie ich Ihren alten Vater faszinierte, während Sie gleichzeitig George faszinierten. Ich hätte es viel besser machen sollen als du. Als George-Fascinator bist du nicht sehr erfolgreich, Schatz.

BRIAN (*küsst ihr die Hand*). Wie bin ich als Dinah-Fascinator?

DINA . Plus sechs, Liebling.

BRIAN . Dann bleibe ich dabei und überlasse George Olivia.

DINA . Ich gehe davon aus, dass sie mit ihm klarkommen wird. Ich habe großes Vertrauen in Olivia. Aber du wirst mich trotzdem heiraten, nicht wahr, Brian?

BRIAN . Ich werde.

DINA . Auch wenn wir warten müssen, bis ich einundzwanzig bin?

BRIAN . Auch wenn wir warten müssen, bis du einundfünfzig bist.

DINAH (*streckt ihm die Hände entgegen*). Schatz!

BRIAN (*unruhig*). Ich sage, tu das nicht.

DINA . Warum nicht?

BRIAN . Nun, ich habe versprochen, dich nicht zu küssen.

DINA . Oh! (*Er steht auf und geht zu C., während er die anderen im Hintergrund beobachtet* .) Nun, vielleicht schickst du mir einfach einen Kuss. Du kannst wegschauen, als wüsstest du nicht, dass ich hier bin.

BRIAN . So was?

(*Er schaut in die andere Richtung, küsst seine Fingerspitzen und wirft es achtlos in ihre Richtung. Sie tut so, als würde sie es fangen, indem sie ihre eigenen Hände küsst* .)

DINA . Das war wunderschön. Jetzt kommt einer für Sie.

(*Sie wirft ihm einen Kuss zu. Er fängt ihn anmutig auf und führt ihn an seinen Mund* .)

BRIAN (*steht auf und verbeugt sich tief*). Frau, ich danke Ihnen.

DINAH (*knickst*). Ihr Diener, Mr. Strange,

OLIVIA (*steht von draußen auf*). Dina!

DINAH (*springt auf*). Hallo! (*Geht schnell zum Klavier und spielt „Mickey".*)

(BRIAN *wirft seine Zigarette weg und geht zu* L.)

(OLIVIA *kommt durch das Fenster nach* links herein, *gefolgt von* GEORGE *Und* LADY MARDEN , *letztere eine kräftige junge Frau von etwa sechzig, die immer aussieht, als wäre sie ein Beagle* .)

OLIVIA (*kommt auf* DINA *über dem Klavier*). Tante Julia will die Schweine sehen, Liebes. Ich wünschte, du würdest sie erledigen. Ich bin ziemlich müde und dein Onkel muss sich um etwas Geschäftliches kümmern.

(GEORGE *sitzt im Stuhl oben C. vor dem Schreibtisch* .)

LADY MARDEN (*geht nach* C.), ich habe immer gesagt, dass Sie sich nicht genug bewegen, Olivia. (*Wendet sich an andere* .) Schau mich an — fünfundsechzig und stolz darauf. (*Geht nach* rechts *und nimmt Handschuhe und Reitpeitsche vom Schreibtisch* .)

OLIVIA (*zieht ihren Mantel aus*). Ja, Tante Julia, du bist wunderbar.

DINA . Wie alt wäre Olivia, wenn sie Sport treiben würde?

(OLIVIA , *lächelnd, aber mit einem mahnenden Blick* DINAH kommt *nach* rechts *und legt ihren Mantel auf die Balustrade* .)

GEORGE (*von oben* C.). Machen Sie sich keine Gedanken darüber, dumme Fragen zu stellen, Dinah. Deine Tante hat nicht viel Zeit.

BRIAN . Darf ich auch kommen, Lady Marden?

LADY MARDEN (*kommt in die Mitte, um* BRIAN). Nun, ein bisschen Bewegung würde *Ihnen nicht* schaden, Mr. Strange. Du bist ein Künstler, nicht wahr?

(DINA *hört auf zu spielen* .)

BRIAN . Nun, ich versuche zu malen.

DINAH (*steht auf und geht zu* RC). Letzten März verkaufte er ein Bild für …

GEORGE . Ja, ja, das ist jetzt egal.

LADY MARDEN . Ja, ungesundes Leben. (*Geht nach* rechts *vom Schreibtisch, geht nach hinten und dreht sich um* DINA *Und* BRIAN .) Nun, komm mit.

(*Sie schreitet nach* links, *gefolgt von* DINA *Und* BRIAN , *der verärgert ist* GEORGES *Papiere auf dem Schreibtisch, während sie gehen* . OLIVIA *nimmt die Vorhänge und die Arbeitsbox von* C. *Schrank und kommt nach unten* (L.)

GEORGE (*schaut auf und sieht* OLIVIA). Wirklich, Olivia, jetzt, wo wir endlich allein *sind* , müssen wir über etwas Wichtigeres, Wichtigeres als Vorhänge sprechen .

OLIVIA . Ich hatte nicht vor, darüber zu sprechen, Liebes. (*Sitzt* .)

GEORGE . Natürlich freue ich mich immer, Tante Julia in meinem Haus zu sehen, aber ich wünschte, sie hätte nicht ausgerechnet diesen Tag zum Mittagessen gewählt.

OLIVIA . Es war nicht Tante Julias Schuld. Es war wirklich Mr. Pim, der den falschen Tag gewählt hat.

GEORGE (*grimmig und aufsteigend*). Mein Gott, stimmt das?

OLIVIA . Über Jacob Telworthy?

GEORGE . Yon sagte mir, er sei tot. (*Geht nach* links *vom* LC- *Tisch* .) Du hast immer gesagt, dass er tot sei.

OLIVIA . Nun, ich dachte immer, er sei tot. Er war so tot, wie man nur sein konnte. In allen Papieren stand, er sei tot.

GEORGE (*verächtlich*). Die Papiere! (*Geht zum Rauchertisch, um seine Pfeife zu holen* .)

OLIVIA (*als ob das die Sache wäre* GEORGE). Die *Times* sagte, er sei tot. Es gab einen Absatz über ihn. Anscheinend war sogar sein Tod betrügerisch.

GEORGE (*kommt C. herunter*). Ja, ja, ich mache dir keine Vorwürfe, Olivia, aber was werden wir tun, das ist die Frage, was werden wir tun? Mein Gott, es ist schrecklich! (*Geht zum Kamin* .) Du warst noch nie mit mir verheiratet! Du scheinst es nicht zu verstehen.

OLIVIA . Es ist ein wenig schwierig, es zu realisieren. Sie sehen, es scheint keinen Unterschied zu unserem Glück gemacht zu haben.

GEORGE . Nein, das ist das Schreckliche. (OLIVIA *(sieht überrascht auf* .) Ich meine – na ja, natürlich waren wir in der Sache ziemlich unschuldig. (*Setzt sich in den Sessel unten* links) Aber gleichzeitig kann nichts darüber hinwegkommen, dass wir – wir hatten kein Recht dazu – glücklich zu sein.

OLIVIA . Hätten Sie es lieber gehabt, wenn es uns schlecht gegangen wäre?

GEORGE . Sie sind Telworthys Frau, das scheinen Sie nicht zu verstehen. Du bist Telworthys Frau. Du – äh – verzeih mir, Olivia, aber es ist die schreckliche Wahrheit – du hast Bigamie begangen, als du mich geheiratet hast. (*Entsetzt geht er nach* links) Bigamie! (*Kommt zu* C.)

OLIVIA . Es ist ein hässliches Wort, nicht wahr?

GEORGE . Ja, aber du verstehst es nicht. (*Kommt schnell* C. hinunter, setzt sich *ihr gegenüber auf den Hocker* LC .) Schau mal, Olivia, altes Mädchen, die ganze Sache ist Unsinn, oder? Es ist nicht Ihr Mann, es ist ein anderer Telworthy, den dieser Kerl kennengelernt hat. Das stimmt, nicht wahr? Irgendein anderer zwielichtiger Betrüger, der auf dem Boot aufgetaucht ist, was? So etwas passiert Leuten wie *uns nicht* – Bigamie und so weiter. Irgendein anderer Kerl.

OLIVIA (*schüttelt den Kopf*). Ich kannte alle zwielichtigen Betrüger in Sydney ... Sie kamen zum Abendessen ... Es gab keine anderen, die Telworthy hießen.

GEORGE (*erhebt sich mit einer Geste der Verzweiflung*). Nun, was werden wir tun?

OLIVIA . Sie haben Herrn Pim so schnell weggeschickt. Er könnte uns Dinge erzählt haben. Telworthys Pläne. Wo er jetzt ist. Du hast ihn so schnell weggetrieben.

GEORGE . Ich habe eine Nachricht geschickt, in der ich ihn bitte, zurückzukommen. Meine einzige Idee im Moment war, ihn aus dem Haus zu holen – um die Sache zu vertuschen. (*Geht zum Schreibtisch* .)

OLIVIA . Man kann nicht zwei Ehemänner zum Schweigen bringen.

GEORGE (*verzweifelt*). Das kannst du nicht. (*Setzt sich an den Schreibtisch* .) Jeder wird es wissen. Alle!

OLIVIA . Die Kinder, Tante Julia, vielleicht wissen sie es jetzt genauso gut wie später. Mr. Pim muss natürlich.

GEORGE . Ich habe nicht vor, meine privaten Angelegenheiten mit Herrn Pim zu besprechen –

OLIVIA . Aber er hat sich eher darin verstrickt, nicht wahr, und wenn Sie ihm Fragen stellen würden ...

GEORGE . Ich schlage nur vor, ihm eine Frage zu stellen. Ich werde ihn fragen, ob er sich des Namens dieses Kerls absolut sicher ist. Ich kann das ganz einfach tun, ohne ihm den Grund meiner Anfrage mitzuteilen.

OLIVIA . Bei einem Namen wie Telworthy kann man sich nicht irren. Aber er könnte uns etwas über Telworthys Pläne erzählen. Vielleicht geht er sofort zurück nach Australien. Vielleicht denkt er auch, dass ich tot bin. Vielleicht – oh, es gibt so viele Dinge, die ich wissen möchte.

GEORGE . Ja, ja, Schatz. Es wäre interessant – das heißt, man möchte diese Dinge natürlich wissen, aber es macht natürlich keinen wirklichen Unterschied. OLIVIA (*überrascht*). Kein Unterschied?

GEORGE (*erhebt sich und setzt sich hinter das Sofa* L.). Das heißt, Sie sind genauso seine Frau, wenn er in Australien ist, wie Sie es sind, wenn er in England ist.

OLIVIA . Ich bin überhaupt nicht seine Frau. (*Sie schüttelt den Kopf.*) Jacob Telworthy lebt vielleicht, aber ich bin nicht seine Frau. Ich hörte auf, seine Frau zu sein, als ich deine wurde.

GEORGE . Du *warst nie* meine Frau. (*Genervt geht er zu* R. *und wieder zurück zu* LC) Das ist das Schreckliche daran. Unsere Gewerkschaft – du lässt mich das sagen, Olivia – wurde von der Kirche unheilig gemacht. Nicht einmal vom Gesetz geheiligt. Rechtlich gesehen leben wir in – leben in – nun, der Punkt ist, wie steht das Gesetz da? Ich stelle mir vor, dass Telworthy sich scheiden lassen könnte ... Oh, es scheint unmöglich, dass *uns so etwas passieren kann* . (*Aufwärts* C.)

OLIVIA . Eine Scheidung?

GEORGE . Ich – ich stelle es mir vor.

OLIVIA . Aber dann könnten wir *wirklich* heiraten, und wir sollten nicht in dem leben, in dem wir vorher gelebt haben.

GEORGE (*kommt nach* rechts *von Tisch* LC). Ich kann dich nicht verstehen, Olivia. Du sprichst so ruhig darüber, als wäre die Scheidung nichts Schlimmes.

OLIVIA . Ja aber--

GEORGE . Als ob es nichts Ungewöhnliches wäre, eine geschiedene Frau zu heiraten.

OLIVIA . Ja aber--

GEORGE . Als ob es nichts Schlimmes daran wäre, jahrelang zusammengelebt zu haben, ohne verheiratet zu sein.

OLIVIA (*legt ihre Hände auf den Tisch*). Was mir falsch erscheint, ist, dass ich fünf Jahre lang mit einem bösen Mann zusammengelebt habe, den ich hasste. Was mir richtig erscheint, ist, dass ich fünf Jahre lang mit einem guten Mann zusammengelebt habe, den ich liebe.

GEORGE (*ergreift und tätschelt liebevoll ihre Hände*). Ja, ja, meine Liebe, ich weiß. (*lässt ihre Hände fallen und geht zu* C.) Aber richtig und falsch lassen sich nicht so leicht regeln. Wir haben zusammen gelebt, als Sie Telworthys Frau waren. Das ist *falsch* .

OLIVIA . Meinst du böse?

GEORGE . Nun, zweifellos würde das Gericht davon ausgehen, dass wir in vollkommener Unschuld gehandelt haben –

OLIVIA . Welches Gericht?

GEORGE . Nun ja, meine Liebe, diese Dinge müssen natürlich legal erfolgen. (*Geht nach* R. *zum Sofa und denkt darüber nach* .) Ich glaube, die richtige Methode ist eine Nichtigkeitsklage, die unsere Ehe für null und – äh – nichtig erklärt. Es würde sozusagen diese Jahre von – äh – (*Zurück zu* C.) auslöschen.

OLIVIA . Bosheit?

GEORGE . Von unregelmäßiger Vereinigung und-ähm-dann-

OLIVIA . Dann könnte ich zu Jacob zurückkehren ... Meinst du das wirklich, George?

GEORGE (*unruhig*). Nun, meine Liebe, sehen Sie – so sind die Dinge – man kommt nicht davon los – ähm – –

OLIVIA . Was ist Ihrer Meinung nach, dass Telworthy den größeren Anspruch hat? Sind Sie bereit, ihm Platz zu machen?

GEORGE . Ich fürchte, sowohl die Kirche als auch das Gesetz würden sagen, dass ich überhaupt keinen Anspruch habe. Ich – ich nehme an, das habe ich nicht.

OLIVIA . Ich verstehe. (*Sie sieht ihn neugierig an* .) Danke, dass du es so deutlich gemacht hast, George.

GEORGE . Ob Sie zu – ähm – Telworthy zurückkehren oder nicht, ist natürlich eine ganz andere Sache. (*Geht zum Kamin* .) Die Entscheidung liegt natürlich bei Ihnen.

OLIVIA (*fröhlich*). Die Entscheidung liegt bei Jacko und mir.

GEORGE . Ähm – Jacko?

OLIVIA . Ich nannte meinen ersten Ehemann – ich meine meinen einzigen Ehemann – Jacko. Der Name Jacob gefiel mir nicht und Jacko schien irgendwie zu ihm zu passen. (*Genießt den Witz* .) Er hatte sehr lange Arme. (GEORGE *ist sehr genervt* .) Armer Jacko.

GEORGE (*verärgert*). Du scheinst nicht zu begreifen, dass das kein Witz ist, Olivia.

OLIVIA (*immer noch amüsiert*). Es ist vielleicht kein Witz, aber es ist lustig, nicht wahr?

GEORGE . Ich muss sagen, dass ich in einer Tragödie, die zwei Leben zerstört hat, nichts Komisches finde.

OLIVIA . Zwei? Oh, aber Jackos Leben ist nicht ruiniert. Es wurde ihm gerade auf wundersame Weise wiederhergestellt. Und auch eine Frau. Darin ist nichts Tragisches für Jacko.

GEORGE (*steif*). Ich bezog mich auf *unsere* beiden Leben – deins und meins.

OLIVIA . Deins, George? Dein Leben ist nicht ruiniert. Das Gericht wird Sie von jeder Schuld freisprechen; Ihre Freunde werden Mitleid mit Ihnen haben und Ihnen sagen, dass ich eine designorientierte Frau war, die Sie absichtlich aufgenommen hat; deine Tante Julia—

GEORGE (*überreizt*). Hör auf! (*geht zu ihr hinüber* .) Was meinst du? Hast du kein Herz? (OLIVIA *stößt einen kleinen verletzten Schrei aus* .) Glaubst du, ich *will* dich verlieren, Olivia? (*Setzt sich auf ihr* L.) Glaubst du, ich *möchte, dass* mein Zuhause so aufgelöst wird? Warst du in den letzten fünf Jahren nicht glücklich mit mir?

OLIVIA . Sehr glücklich.

GEORGE . Wie kann man dann so reden?

OLIVIA . Aber du willst mich wegschicken,

GEORGE . Und jetzt fängst du schon wieder an. Ich *will* nicht . Ich hatte kaum Zeit zu begreifen, was es für mich bedeuten wird, wenn du gehst. Tatsache ist, dass ich es einfach nicht wagen darf, es zu realisieren. Ich wage nicht darüber nachzudenken.

OLIVIA . Denk mal darüber nach, George.

GEORGE . Und du redest, als ob ich dich wegschicken *wollte* !

OLIVIA . Denk mal darüber nach, George.

GEORGE . Du scheinst nicht zu verstehen, dass ich dich nicht *wegschicke* . Du gehörst mir einfach nicht.

OLIVIA . Wem gehöre ich?

GEORGE (*zweifelhaft*). Die deines Mannes. Telworthys.

OLIVIA (*sanft*). Wenn ich jemand anderem als mir selbst gehöre, denke ich, dass ich zu dir gehöre.

GEORGE . Nicht in den Augen des Gesetzes. Nicht in den Augen der Kirche. Nicht einmal in den Augen von – ähm –

OLIVIA . Der Landkreis?

GEORGE (*verärgert*). Ich wollte gerade „Himmel" sagen.

OLIVIA . Oh!

GEORGE (*erhebt sich und geht nach unten* OLIVIA *bis* C.). Dass *uns* das passieren sollte !

(OLIVIA *arbeitet im Stillen. Dann schüttelt sie ihre Vorhänge aus* .)

OLIVIA (*sieht sie an*). Ich hoffe, dass Jacko diese mögen.

GEORGE (*dreht sich um und sieht Vorhänge*). Was! Du——(*Gehst schnell auf sie zu, nimmst sie bei den Händen und hebst sie vom Sofa hoch* .) Olivia, Olivia, hast du kein Herz?

OLIVIA . Sollte man so mit der Frau eines anderen Mannes reden?

GEORGE . Verdammt, ist das für Sie nur ein Witz?

OLIVIA . Du musst mir verzeihen, George; Ich bin ein wenig aufgeregt – bei dem Gedanken, zu Jacob zurückzukehren.

GEORGE . *Willst* du zu ihm zurückkehren?

OLIVIA . Man möchte tun, was richtig ist. In den Augen des – ähm – Himmels.

GEORGE . Wenn ich sehe, was für ein Mann er ist, habe ich keinen Zweifel daran, dass Sie eine Trennung erreichen könnten, vorausgesetzt, er hat sich nicht von Ihnen scheiden lassen. Ich weiß nicht, *was* das Beste ist. Ich muss meinen Anwalt konsultieren. Die ganze Situation wurde uns aufgezwungen, und (*setzt sich kläglich auf den Stuhl* LC) Ich weiß es nicht, ich weiß es nicht. Ich kann nicht alles begreifen. (*Lehnt sich nach vorne und vergräbt sein Gesicht in seinen Händen* .)

OLIVIA . Möchten Sie nicht auch Ihre Tante Julia konsultieren? Sie könnte Ihnen sagen, was die Grafschaft – ich meine, was der Himmel wirklich darüber dachte.

GEORGE . Ja ja. Tante Julia hat viel gesunden Menschenverstand. Du hast völlig recht, Olivia. Das können wir der Familie nicht vorenthalten.

OLIVIA . Nenne ich sie immer noch *Tante* Julia?

(ANNE *kommt von der Treppe hinauf* R. GEORGE *sieht sie nicht, aber* OLIVIA *erregt seine Aufmerksamkeit* .)

GEORGE (*schaut auf* OLIVIA). Was? Was? (*Aufstehen und Überqueren bis* ANNE .) Nun, was ist das?

ANNE . Herr Pim sagt, er wird sofort herunterkommen, Sir.

GEORGE . Oh, danke, danke.

(OLIVIA *hebt Vorhänge auf.* ANNE *geht die Treppe hinauf nach* R.)

OLIVIA . George, Mr. Pim hat es erfahren.

GEORGE . Ich sehe keine Notwendigkeit.

OLIVIA . Nicht einmal für mich? Glauben Sie nicht, dass eine Frau Fragen stellen möchte, wenn sie plötzlich erfährt, dass ihr längst verlorener Ehemann wieder zu ihr zurückgekehrt ist? Wo lebt er und wie sieht er aus und—

GEORGE (*sehr wütend, geht zum Schreibtisch und setzt sich*). Natürlich, wenn Sie sich für diese Dinge interessieren –

OLIVIA . Wie kann ich helfen? Sei nicht so albern, George. (*Bewegt sich nach* rechts *von* GEORGE *mit den Vorhängen an ihrem Arm* .) Wir *müssen* wissen, was Jacko—

GEORGE (*verärgert*): Ich wünschte, du würdest ihn nicht mit diesem lächerlichen Namen nennen.

OLIVIA . Mein Ehemann-

GEORGE (*zuckt zusammen*). Ja, na ja – Ihr Mann?

OLIVIA . Nun, wir müssen seine Pläne kennen – wo wir mit ihm kommunizieren können und so weiter.

GEORGE . Ich habe keine Lust, mit ihm zu kommunizieren.

OLIVIA . Ich fürchte, das wirst du tun müssen, Liebes.

GEORGE . Ich sehe keine Notwendigkeit.

OLIVIA . Nun, Sie möchten sich bei ihm dafür entschuldigen, dass er so lange mit seiner Frau zusammengelebt hat. (GEORGE *schaut verwirrt auf und dreht sich zu ihr um* . Und da ich zu ihm gehöre, sollte ihm gesagt werden, wo er mich rufen kann.

GEORGE (*nach einem Kampf und sich am Kopf kratzend*). Sie haben es sehr eigenartig ausgedrückt, aber ich verstehe, was Sie meinen. (*Mit einem Schaudern* .) Oh, was für eine schreckliche Werbung das Ganze ist! (*Wendet sich ab und lehnt sich an den Schreibtisch* .)

OLIVIA (*geht auf ihn zu und tröstet ihn, indem sie ihre Hände auf seine Schultern legt*). Armer Georg. Lieber, glaube nicht, dass ich kein Mitleid mit dir habe. Ich verstehe so genau, was du fühlst. Die Werbung! Es ist schrecklich.

GEORGE (*betrübt und drehte sich in seinem Stuhl zu ihr um*). Ich möchte tun, was richtig ist. Das glauben Sie, nicht wahr?

OLIVIA . Natürlich tue ich das. (*Nimmt ihre Hände weg* .) Wir sind uns nur nicht ganz einig darüber, was richtig und was falsch ist.

GEORGE . Es geht nicht darum, zuzustimmen. Richtig ist richtig und falsch ist falsch, überall auf der Welt.

OLIVIA (*mit einem traurigen kleinen Lächeln*). Aber insbesondere in Buckinghamshire, denke ich.

GEORGE . Wenn ich nur an mich selbst denken würde, würde ich sagen: „Lasst uns diesen Mann, Telworthy, nach Australien zurückbringen. Er würde keinen Anspruch geltend machen. Er würde Geld annehmen, um wegzugehen, und nichts darüber sagen." Wenn ich nur mein eigenes Glück befragen würde, Olivia, wäre das das, was ich sagen würde. Aber wenn ich mich konsultiere – ähm –

OLIVIA (*mit tollem Gefühl*). Meins?

GEORGE . Mein Gewissen--

OLIVIA (*enttäuscht*). Oh!

GEORGE . Dann kann ich es nicht tun. (*Steht auf und geht nach oben* L.) Es ist falsch.

OLIVIA (*legt ihren ersten Einspruch ein*). Ja; Aber, George, denkst du nicht, dass ich etwas wert bin?

GEORGE (*dreht sich um und sieht* DINA *Kommen*). H'sch! Dina! (*Geht zurück zum Schreibtisch. Lautstark für* DINAHS *Vorteil*.) Na dann schreibe ich ihm und – Ah, Dinah, wo ist Tante Julia?

DINAH (*kommt von oben* links herein). Wir haben die Schweine gesehen und jetzt bespricht sie mit Brian die Kunst des Landseers. (*Vor dem Schreibtisch vorbeigehend* OLIVIA .) Ich bin nur gekommen, um zu fragen –

OLIVIA . Dinah, Liebes, bring Tante Julia hierher. Und Brian auch. Wir haben Dinge, über die wir mit Ihnen allen sprechen möchten.

DINA . Richtig! (*Bewegt sich zurück nach* links.)

GEORGE (*empört*). Olivia!

DINAH (*dreht sich auf die Terrasse um*). Was für ein Spaß!

(OLIVIA *geht zum Tisch* LC *und holt ihre Arbeitsbox. Ausfahrt* DINAH L.)

GEORGE . Olivia, Sie schlagen nicht ernsthaft vor, dass wir diese Dinge mit einem Kind wie Dinah und einem jungen Mann wie Strange, einem bloßen Bekannten, besprechen sollten.

OLIVIA . Dinah wird es wissen müssen. Ich mag sie sehr, George. Du kannst mich nicht wegschicken, ohne es Dinah zu sagen. Und Brian ist mein Freund. (*Geht zum Schrank, legt Vorhänge und einen Arbeitskasten auf den Schrank .*) Sie müssen Ihren Anwalt, Ihre Tante und Ihr Gewissen befragen – könnte ich nicht sogar Brian haben?

GEORGE (*vergessen*). Ich hätte denken sollen, dass Ihr *Mann* –

OLIVIA (*kommt zum* linken *hinteren Ende des Sofas* L.). Ja, aber wir wissen nicht, wo Jacko ist.

GEORGE . Ich bezog mich nicht auf – ähm – Telworthy.

OLIVIA . Na dann?

GEORGE . Oh, natürlich – Du – natürlich ich – Oh, das ist schrecklich! (*Sitzt mit dem Gesicht in den Händen am Schreibtisch* .)

(OLIVIA *ist im Begriff, mit ihm zu sprechen* LADY MARDEN *betritt von oben* L. LADY MARDEN *sieht an* GEORGE BEWEGT SICH dann *nach unten in die Mitte.* DINA *folgt und kommt zum* linken *hinteren Ende des Sofas.* BRIAN *folgt* DINA *und kommt an den hinteren Tisch,* LC OLIVIA *bewegt sich zum* linken *Ende des Sofas* L.)

OLIVIA (*nach einer Pause*). George und ich haben ziemlich schlechte Nachrichten erhalten, Tante Julia. Wir wollten Ihren Rat. Wo wirst du sitzen?

LADY MARDEN . Danke, Olivia. Ich kann alleine sitzen.

(*Sie setzt sich auf das untere Ende des Sofas* R *und schiebt das Kissen weg* .)

OLIVIA (*bis* DINA). Du sitzt da, mein Schatz.

(DINA *sitzt im Sessel unten* links *und* OLIVIA *auf Sofa* L. *Es gibt eine gute Pause* . ALLE *sehen sehr unbequem aus* .)

LADY MARDEN . Also was ist es?

(*Noch eine Pause* . ALLES *sehen immer noch sehr unbequem aus* .)

Geld, nehme ich an; Heutzutage ist niemand mehr sicher.

(*Es gibt noch eine gute Pause* . GEORGE *schaut hoffnungslos auf* LADY MARDEN . BRIAN *geht neugierig auf ihn zu* GEORGE , *der sich umdreht und allmählich den Kopf hebt, erblickt ihn* BRIAN *und wirft ihm einen strengen Blick zu und* BRIAN *zieht sich schnell hinter den* LC- *Tisch zurück* .)

GEORGE (*winkt um Hilfe*). Olivia——

OLIVIA (*nach einer Pause*). Wir haben gerade erfahren, dass mein erster Mann noch lebt.

DINA . Telworthy!

BRIAN . Guter Gott!

LADY MARDEN . George!

DINAH (*aufgeregt*). Und erst heute Morgen habe ich gesagt, dass in diesem Haus nie etwas passiert ist! (*Erhebt sich vom Sessel und setzt sich nach* links OLIVIA *und reumütig zu ihr* .) Liebling, das meine ich nicht so. Liebling!

LADY MARDEN . Was bedeutet das, George? Ich lasse dich für zehn Minuten – kaum zehn Minuten – allein, um dir die Schweine anzusehen, und als ich zurückkomme, erzählst du mir, dass Olivia eine Bigamistin ist.

(DINA *springt auf und geht nach* links *von Sofa* L.)

BRIAN (*tritt empört auf* LADY MARDEN). Ich sage--

OLIVIA (*hält ihn zurück*). H'sh!

BRIAN (*bis* OLIVIA *und nimmt ihre Hand über den Tisch* LC). Wenn es Streit gibt, bin ich auf Ihrer Seite.

LADY MARDEN . Na, George?

GEORGE (*steht auf und ab* LADY MARDEN). Ich fürchte, es stimmt, Tante Julia. (*Nimmt den Stuhl von* LC *zu* C. und *setzt sich darauf* . DINAH *sitzt im Sessel unten* L.) Wir haben die Nachricht kurz vor dem Mittagessen gehört – kurz bevor Sie kamen. Wir hatten nur diesen Moment Gelegenheit, darüber zu reden und uns zu fragen, was wir tun sollen.

LADY MARDEN . Wie war sein Name – Tel – irgendwas –

OLIVIA . Jacob Telworthy.

LADY MARDEN (*verwundert*). Er lebt also noch?

GEORGE . Scheinbar. Daran scheint kein Zweifel zu bestehen.

LADY MARDEN (*bis* OLIVIA). Hast du ihn nicht sterben *sehen* ? Ich sollte immer den Wunsch haben, meinen Mann sterben zu *sehen* , *bevor ich wieder heirate*. Jedenfalls nicht, dass ich Zweitehen befürworte. Das habe ich dir damals gesagt, George.

OLIVIA . *Und* ich, Tante Julia.

LADY MARDEN . Habe ich? Nun ja, im Allgemeinen sage ich, was ich denke.

GEORGE . Ich sollte dir sagen, Tante Julia, dass Olivia dafür keine Schuld trägt. Damit bin ich vollkommen zufrieden. Es ist niemandes Schuld, außer –

LADY MARDEN . Außer Telworthys. *Er* scheint eher nachlässig gewesen zu sein. Nun, was werden Sie dagegen tun?

GEORGE . Genau das ist es. Es ist eine schreckliche Situation (*mit einer Geste der Verzweiflung*). Es wird bestimmt so viel Publicity geben. Nicht nur das alles, sondern auch Telworthys Vergangenheit.

LADY MARDEN . Ich hätte sagen sollen, dass Telworthys Geschenk das Problem war. Hatte er auch eine Vergangenheit?

OLIVIA . Er war ein betrügerischer Firmenförderer. Er ging oft ins Gefängnis.

(*Allgemeine Bestürzung* . BRIAN *pfeift lange und geht nach oben* .)

LADY MARDEN . George, das hast du mir nie erzählt!

GEORGE . Ich – äh –

OLIVIA . Ich verstehe nicht, *warum* er darüber reden sollte.

DINAH (*erhebt sich empört und geht zum linken Ende des Sofas* links). Was hat das überhaupt mit Olivia zu tun? Es ist nicht *ihre* Schuld.

LADY MARDEN (*sarkastisch und nachdrücklich*). Oh nein, ich glaube, es ist meins.

(*Es entsteht eine unangenehme Pause* .)

OLIVIA (*bis* GEORGE). Sie wollten Tante Julia fragen, was das Richtige sei.

BRIAN (*überquert LC und platzt heraus*). Mein Gott, was gibt es da zu tun, außer das Eine und Einzige? (*Sie sehen ihn alle an und er wird verlegen und tritt ein wenig zurück* .) Es tut mir leid. Du willst nicht, dass *ich*——

OLIVIA (*nimmt seine Hand über den Tisch* LC). Das tue *ich* , Brian.

LADY MARDEN . Machen Sie weiter, Mr. Strange. Was würden *Sie* an Georges Stelle tun?

BRIAN (*geht zur Rückseite des* LC-Tisches). Tun? Sage zu der Frau, die ich liebte: „Du gehörst *mir* (*schlägt mit der Faust auf den Tisch*), und lass diesen anderen verdammten Kerl kommen und dich mir wegnehmen, wenn er kann!" Und er konnte nicht – wie könnte er? – nicht, wenn die Frau *mich* wählen würde .

(LADY MARDEN *blickt an* BRIAN *in Erstaunen* , GEORGE *vor Wut* . OLIVIA *drückt ihm dankbar die Hand. Er hat gesagt, worauf sie so sehnsüchtig gewartet hat* GEORGE *sagen* . GEORGE *erhebt sich und geht wütend auf* BRIAN , *der sich ihm widersetzt* . GEORGE *ist gedämpft und bewegt sich hilflos nach oben* C. *gefolgt von* BRIAN , *der immer noch trotzig ist* . DINA *erhebt sich und rennt nach* links *und rund um die Rückseite des Sofas* nach links *und nach oben nach links* BRIAN *und nimmt seinen Arm* .)

DINAH (*bewundernd*). Oh, Brian! (*Mit lautem Flüstern* .) Ich *bin* es nicht, und nicht Olivia?

BRIAN . Du Baby, natürlich!

LADY MARDEN . Ich fürchte, Mr. Strange (DINAH mit einem Ausruf des Ärgers kommt L. *vom Sofa L. herunter*), Ihre Moralvorstellungen sind ebenso eigenartig wie Ihre Ansichten zu Art.

BRIAN (*bis zum Ende des* LC-Tisches). Das ist keine Frage der Moral oder der Kunst, es ist eine Frage der Liebe.

DINA . Hört hört!

LADY MARDEN (*bis* GEORGE). Ist es für das Mädchen nicht schon Zeit, ins Bett zu gehen?

OLIVIA (*bis* DINA *und nahm ihre Hand*). Wir lassen sie noch ein bisschen sitzen, wenn es ihr gut geht.

DINA . Ich werde brav sein, Olivia (*aggressiv zu* LADY MARDEN), nur dachte ich, dass jeder, egal wie wichtig eine Debatte war, sagen durfte: „Hört, hört!"

GEORGE (*kommt C. herunter*). Wirklich, Olivia, ich denke wirklich, wir könnten das besser besprechen, wenn Mr. Strange mit Dinah spazieren gehen würde. Seltsam, wenn du – äh –

OLIVIA . Sag ihnen zuerst, was du geklärt hast, George.

LADY MARDEN . Erledigt? Was gibt es zu regeln? Es beruhigt sich.

GEORGE (*traurig*). Genau das ist es.

LADY MARDEN . Die Ehe muss annulliert werden – ist das das richtige Wort, George?

GEORGE . Ich vermute es. (*Setzt sich auf Hocker* C.)

LADY MARDEN . Darüber weiß der Anwalt natürlich Bescheid.

BRIAN . Und wenn die Ehe annulliert wurde, was dann?

LADY MARDEN . Vermutlich wird Olivia zu ihrem Mann zurückkehren.

BRIAN (*verbittert zu* LADY MARDEN). Und *das ist* Moral! Wie von Bischof Landseer dargelegt!

GEORGE (*verärgert, erhebt sich und sieht zu* BRIAN). Ich weiß nicht, was Sie mit Bischof Landseer meinen. Moral bedeutet, im Einklang mit den Gesetzen des Landes und den Gesetzen der Kirche zu handeln. Ich bin durchaus bereit zu glauben, dass Ihr Glaubensbekenntnis keine Ehe umfasst (DINAH *schreit ein wenig und schlägt wütend auf ein Kissen auf dem Sofa*) und auch nicht auf Monogamie, aber mein Glaubensbekenntnis ist anders.

BRIAN (*heftig*). Mein Glaubensbekenntnis umfasst sowohl die Ehe als auch die Monogamie, und Monogamie bedeutet, an der Frau festzuhalten, die man liebt, solange sie dich will.

LADY MARDEN (*ruhig*). Sie schlagen vor, dass George und Olivia weiterhin zusammenleben sollten, obwohl sie nie rechtmäßig verheiratet waren. Gott segne den Mann, was würde der Landkreis Ihrer Meinung nach dazu sagen?

BRIAN (*verächtlich*). Ist es wichtig?

DINA . Nun, wenn Sie es wirklich wissen wollen, würden die Männer sagen: „Herrgott, sie ist eine tolle Frau. Ich wundere mich nicht, dass er an ihr festhält", und die Frauen würden sagen: „Ich kann mir nicht *vorstellen* , was er in ihr sieht." so bei ihr zu bleiben", und beide sagten: „Immerhin ist er vielleicht ein verdammter Idiot, aber man kann nicht leugnen, dass er ein Sportler ist."

(LADY MARDEN *ist sehr empört* .)

GEORGE (*empört*). Haben Sie aus diesem Grund darauf bestanden, dass Dinah und Mr. Strange hier sind, Olivia? Um mich in meinem eigenen Haus zu beleidigen?

LADY MARDEN . Ich kann mir nicht vorstellen, wozu junge Leute heutzutage kommen.

OLIVIA . Ich denke, Liebes, du und Brian sollten besser gehen.

DINAH (*steht auf*). Wir werden gehen. (*Kreuzung unten* OLIVIA *und legte ihr Knie auf einen Hocker und schaute frech hinein* (GEORGS *Gesicht* .) Aber ich möchte nur eines sagen, Onkel George. Brian und ich *werden* einander heiraten, und wenn wir verheiratet sind, werden wir zueinander halten, egal wie viele unserer verstorbenen Ehemänner und Ehefrauen auftauchen! Komm schon, Brian. (*Sie geht* C. hinauf *und durch das Fenster und geht empört hinaus, gefolgt von* BRIAN R.)

(GEORGE *folgt ihnen* .)

GEORGE . Ich schwöre, das ist eine angenehme Diskussion.

OLIVIA . Ich denke, die Diskussion ist vorbei, George. Die Frage ist nur, wohin ich gehen soll, während Sie Ihren – wie haben Sie das für einen Anzug genannt?

LADY MARDEN (*bis* GEORGE). Nichtigkeitsklage. Ich nehme an, das *ist* das Beste?

GEORGE . Es ist schrecklich. (*Bewegen Sie sich zwischen Stuhl und* LADY MARDEN .) Die schreckliche Werbung. Dass es *uns* passieren sollte , darüber kann ich nicht hinwegkommen.

LADY MARDEN . Ich kann mich an so etwas in der Familie Marden noch nie erinnern.

GEORGE (*abwesend*). Lady Fanny.

LADY MARDEN (*erinnert sich*). Ja natürlich; aber das war vor zweihundert Jahren. Die Maßstäbe waren damals andere. (Aufstehen und von C *nach R aufsteigen*) Außerdem war es sowieso nicht ganz dasselbe.

GEORGE (*abwesend*). Nein, es war nicht ganz dasselbe.

LADY MARDEN (*R. vom Schreibtisch*). Nein. Wir werden es alle spüren. Fürchterlich.

GEORGE (*seine Entschuldigung*). Wenn es anders ginge! Olivia, was *kann* ich tun? Es *ist* der einzige Weg, nicht wahr? Alles, was dieser Kerl gesagt hat – natürlich hört es sich sehr gut an – aber so wie die Dinge liegen ... (*geht hinüber* OLIVIA .) *Gibt* es etwas in der Ehe oder nicht? Sie glauben, dass es das gibt, nicht wahr? Sie sind keiner dieser Sozialisten. *Können wir* dann weiterhin zusammenleben, wenn Sie die Frau eines anderen Mannes sind? Es ist nicht nur das, was die Leute sagen werden, sondern es *ist falsch, nicht wahr? ... Und wenn er sich nicht von Ihnen scheiden lässt, sollen wir dann für immer* unverheiratet zusammenleben ? (LADY MARDEN *dreht sich um und hört zu* .) Olivia, du scheinst zu denken, dass ich nur an die Werbung denke – was die Leute sagen werden. Ich bin nicht. Ich bin nicht. Das kommt irgendwie. Aber ich möchte das Richtige tun, das Beste. Ich meine nicht, was das Beste für uns ist, was uns am glücklichsten macht, ich meine, was wirklich das Beste ist, was am richtigsten ist. Was irgendjemand sonst an meiner Stelle tun würde. (OLIVIA *streckt ihm liebevoll die Hände entgegen* .) *Ich* weiß es nicht. Es ist so unfair. Du bist überhaupt nicht meine Frau, aber ich möchte tun, was richtig ist ... (*setzt sich am Fuß des Tisches* LC) Oh, Olivia, Olivia, du verstehst es doch, nicht wahr?

(*Sie haben es beide vergessen* LADY MARDEN . OLIVIA *hat ihn nie aus den Augen gelassen, als er seinen letzten Versuch unternimmt, sich selbst zu überzeugen* .)

OLIVIA (*fast zärtlich*). Also sehr, sehr gut, George. Oh, ich verstehe genau, was du fühlst. Und oh, ich wünschte so sehr, dass du es könntest – (*mit einem kleinen Seufzer*) –, aber dann wäre es nicht George, nicht der George, den ich geheiratet habe – (*mit einem reumütigen kleinen Lachen*) – oder nicht ganz geheiratet habe.

LADY MARDEN . Ich muss sagen, ich finde, dass Sie beide etwas wild reden.

OLIVIA (*wiederholt es, ach so zärtlich*). Oder nicht – ganz – geheiratet hat.

(*Sie sieht ihn mit ganzem Herzen in den Augen an. Sie gibt ihm seine letzte Chance zu sagen: „Verdammter Telworthy, du gehörst mir!" Er steht auf und geht zu* R. *Er kämpft verzweifelt mit sich selbst und dreht sich zu* OLIVIA .)

GEORGE . Olivia! Olivia! Mein Liebling!

(*Sie steht auf. Er geht zu ihr und nimmt sie in die Arme* .)

(ANNE *kommt durch die Doppeltür* R.)

ANNE . Herr Pim ist hier, Sir.

OLIVIA (*fordert ihn auf*). Herr Pim, mein Lieber.

GEORGE (*mit Mühe aus dem Kampf hervorgehen*). Pim? Pim? Oh, ah, ja, natürlich. (*Überquerung bis* ANNE .) Herr Pim. (*Schaut auf* .) Wo hast du ihn hingelegt?

OLIVIA . Ich möchte auch Mr. Pim sehen, George.

LADY MARDEN (*kommt von* C. *nach* R. *des Tisches* LC). Wer zum Teufel ist Mr. Pim?

OLIVIA . Zeig ihn hier rein, Anne. (GEORGE *kommt zurück zu* C.)

ANNE . Ja Madame.

(*Sie geht durch die Doppeltür* rechts hinaus.)

OLIVIA . Es war Herr Pim, der uns von meinem Mann erzählte. Er traf ihn im Boot und erkannte ihn als den Telworthy, den er in Australien kannte.

LADY MARDEN . Oh! Soll ich im Weg sein? (*Übergang zu* RC)

GEORGE . Nein, nein. Es spielt doch keine Rolle, oder, Olivia?

OLIVIA . Bitte bleibe.

(LADY MARDEN *sitzt* rechts *Sofa* .)

(ANNE *tritt durch Doppeltüren ein, gefolgt von* HERR PIM .)

ANNE . Herr Pim.

GEORGE (*reißt sich zusammen*). Ah, Herr Pim! Sehr schön, dass Sie gekommen sind.

PIM . Oh, überhaupt nicht!

GEORGE . Tatsache ist – ähm – (*Es ist zu viel für ihn; er schaut verzweifelt hin* OLIVIA .)

OLIVIA . Es tut uns so leid, Sie zu belästigen, Mr. Pim. Kennen Sie übrigens Lady Marden?

PIM (*Mitte*). Nein, ich habe nicht die Ehre.

GEORGE (*vorstellend*). Meine Tante! Herr Pim.

(HERR PIM *Und* LADY MARDEN *verbeugt euch voreinander* .)

OLIVIA . Kommen Sie doch und setzen Sie sich, nicht wahr? (*Pim bewegt sich nach* links, *dreht sich um und stößt dagegen* GEORGE , *der ihm folgt. Sie macht auf dem*

Sofa neben ihr Platz für ihn .) Tatsache ist, Herr Pim, Sie haben uns heute Morgen ziemlich überrascht, und bevor wir Zeit hatten, zu begreifen, was das alles bedeutete, waren Sie gegangen.

PIM . Eine Überraschung, Frau Marden? Meine Güte, kein unangenehmes, hoffe ich?

OLIVIA . Na ja, eher überraschend. (LADY MARDEN *Husten* .)

(*Pim sitzt* rechts *von* OLIVIA , *die seinen Hut nimmt und ihn vor ihr* L legt.)

GEORGE (*dreht sich zu* LADY MARDEN). Olivia, gib mir einen Moment. Herr Pim, Sie haben heute Morgen einen Mann namens Telworthy erwähnt. Meine Frau (LADY MARDEN *gibt einen ausgeprägten Husten*) – das heißt, ich habe es früher getan – das heißt, es gibt Gründe –

OLIVIA . Ich denke, wir sollten besser ganz offen sein, George.

LADY MARDEN (*aggressiv*). Ich bin fünfundsechzig Jahre alt, Herr Pim, und ich kann sagen, dass ich nie einen Moment lang unruhig war, als ich (*mit der Hand auf ihr Knie schlug, den Stock in der linken Hand*) die Wahrheit sagte.

(PIM *Und* LADY MARDEN *Fixieren Sie sich gegenseitig mit einem Blick* . PIM *dann schaut es sich an* OLIVIA *Und* GEORGE *und lehnt sich auf dem Sofa zurück* .)

PIM (*nach einem verzweifelten Versuch, mit dem Gespräch Schritt zu halten*). Oh!... Ich – äh – ich fürchte, ich bin ziemlich auf See. Habe ich – ähm – irgendetwas ungesagt gelassen, als ich Ihnen heute Morgen meine Referenzen vorlegte?

GEORGE *Und* OLIVIA Oh nein!

PIM . Dieser Telworthy, den Sie erwähnen – ich scheine mich an den Namen zu erinnern –

OLIVIA . Herr Pim, Sie haben uns heute Morgen von einem Mann erzählt, den Sie auf dem Boot getroffen hatten, einem Mann, der in die Welt gekommen war und den Sie in Sydney gekannt hatten. Ein Mann namens Telworthy.

PIM (*erleichtert*). Ah, ja, ja, natürlich. (*Zu* OLIVIA .) Ich habe doch Telworthy gesagt, nicht wahr? Seltsamster Zufall, Lady Marden. Armer Mann, armer Mann! Mal sehen, es muss vor zehn Jahren gewesen sein –

GEORGE . Einen Moment, Herr Pim. Sind Sie ganz sicher, dass sein Name Telworthy war?

PIM (*zu* GEORGE). Telworthy – Telworthy – habe ich nicht Telworthy gesagt? Ja, das war es – Telworthy. Armer Kerl!

OLIVIA . Ich werde ganz ehrlich zu Ihnen sein, Herr Pim. Ich bin mir ziemlich sicher, dass ich Ihnen vertrauen kann.

PIM . Oh, Frau Marden!

OLIVIA . Dieser Mann Telworthy, den Sie kennengelernt haben, ist mein Ehemann.

PIM . Dein Ehemann! (*Er blickt leicht überrascht* GEORGE .) Dein – äh –

OLIVIA . Mein erster Ehemann. Sein Tod wurde vor sechs Jahren bekannt gegeben. Ich hatte ihn einige Jahre zuvor verlassen, aber Ihre Geschichte lässt keinen Zweifel daran erkennen, dass er noch lebt. Sein Rekord – das Land, aus dem er kommt – vor allem der sehr ungewöhnliche Name – Telworthy.

PIM . Telworthy – ja – sicherlich ein höchst eigenartiger Name. Ich erinnere mich, dass ich es gesagt habe. Dein erster Ehemann? Liebe mich! Liebe mich!

GEORGE . Sie verstehen, Herr Pim, dass dies alles absolut vertraulich ist.

PIM (*dreht sich zu* GEORGE). Natürlich, natürlich.

OLIVIA (*zieht seinen Arm und versucht, seine Aufmerksamkeit zu erregen*). Nun, da er mein Mann ist, wollen wir natürlich etwas über ihn wissen. Wo ist er zum Beispiel jetzt?

PIM (*überrascht und sich umdrehend).* OLIVIA). Wo ist er jetzt? Aber ich habe es dir bestimmt gesagt? Ich habe dir erzählt, was in Marseille passiert ist?

GEORGE . In Marseille?

PIM (*zu* GEORGE). Ja, ja, armer Kerl, es war äußerst unglücklich. (*Zu* LADY MARDEN . OLIVIA *(Zieht erneut an seinem Arm und versucht, seine Aufmerksamkeit zu erregen* .) Sie müssen verstehen, Lady Marden, dass ich den armen Kerl zwar schon einmal in Australien getroffen hatte, aber nie in irgendeiner Weise intim war –

GEORGE (*klopft auf den Schreibtisch*). Wo ist er *jetzt* , das wollen wir wissen?

(HERR PIM *dreht sich erschrocken zu ihm um* .)

OLIVIA . Bitte, Herr Pim!

PIM (*zu* OLIVIA). Wo ist er jetzt? Aber – aber habe ich Ihnen nicht von dem seltsamen Todesfall in Marseille erzählt – der arme Kerl – die Fischgräte?

ALLE . Gräten?

PIM . Ja, ja, ein Hering, das verstehe ich.

OLIVIA (*wird hysterisch*). Meinst du, er ist tot?

PIM . Tot – natürlich ist er tot. Er ist tot –

OLIVIA (*lacht hysterisch*). Oh, Mr. Pim, Sie – oh, was für ein Ehemann – oh, ich – (*Aber das ist alles, was sie im Moment sagen kann* .)

LADY MARDEN . Reiß dich zusammen, Olivia. (*Zu* PIM .) Also ist er dieses Mal wirklich tot?

PIM . Oh, zweifellos, zweifellos. Eine Fischgräte blieb in seiner Kehle stecken.

(LADY MARDEN zieht sich *wieder zum Sofa* R. zurück .)

GEORGE (*bewegt sich* vom C. *zum* L. *Fenster und versucht, es zu realisieren*). Tot! Tot!

PIM (*erhebt sich und dreht sich zu* OLIVIA , *alarmiert über ihre Hysterie* . Oh, aber, Frau Marden!

OLIVIA . Ich denke, Sie müssen mich entschuldigen, Mr. Pim. (*Geht zu* C.) Aber ein Hering! Da ist etwas an einem Hering –

(GEORGE *kommt schnell zu ihr, sehr besorgt* .)

(PIM *ist auch sehr besorgt* .)

(*Ich wende mich an* GEORGE .) Oh, George! (*Kopfschüttelnd und in schwachem Lachen, dreht sich zu* R. um *und ist im Begriff, aus dem Zimmer in Richtung Treppe* R zu eilen.)

SCHNELLER VORHANG.

AKT III

SZENE .– *Das Gleiche und die Möbel genau wie im* zweiten Akt.

(HERR PIM *befindet sich unter Sofa* L. *und steht in derselben Position wie am Ende von Akt II.* GEORGE MARDEN *steht im Mittelpunkt der Bühne und* LADY MARDEN *liegt am Fuß der Treppe. Ihre Höhe ist die gleiche wie am Ende des zweiten Aktes, und alle sind besorgt* OLIVIAS *Hysterie* .)

GEORGE . Tot! Tot!

PIM . Oh je! Oh je! Ich fürchte, ich habe die Nachricht ziemlich voreilig verbreitet. Der doppelte Schock, einen Ehemann zu verlieren und einem anderen zurückgegeben zu werden –

LADY MARDEN (*kommt zu* GEORGE). Eine Fügung der Vorsehung, George. Anders kann man es nicht betrachten. (*Geht nach* rechts *vom Schreibtisch* .)

GEORGE (*kommt zu* PIM). Ja! Ja! Nun, ich bin Ihnen sehr dankbar, Herr Pim, dass Sie heute Nachmittag zu uns gekommen sind, und Sie verstehen, dass Ihre Nachricht, auch wenn sie verspätet ist, sehr willkommen war. *De Mortuis* und so weiter.

(LADY MARDEN *Kreuze an der Rückseite des Schreibtisches zu* L.)

PIM (*wiederholt sich traurig*). *De Mortuis*–

GEORGE (*schüttelt ihm die Hand – er will ihn unbedingt loswerden*). Nun, auf Wiedersehen und nochmals unseren Dank.

(*Kreuze unten und* links *von* PIM *und klingelt unter dem Kamin* .)

PIM (*überquert zur Mitte*). Gar nicht. Ich hätte die Nachricht nicht so voreilig verbreiten sollen. (*Erblickt* LADY MARDEN *nach* links *und mit einer tiefen Verbeugung* .) Auf Wiedersehen, Lady Marden.

LADY MARDEN (*ebenso tiefgründig*). Auf Wiedersehen, Herr Pim.

PIM . Ich fürchte, ich habe die Nachricht zu voreilig verbreitet. (*Geht zum Tisch* BC *und nimmt auf* GEORGES *Mütze verwechselt mit seinem Hut und bewegt sich in Richtung Doppeltüren, wenn Als* GEORGE *das bemerkt, nimmt er den Ton* an PIMS *Hut von* L. *der Bühne, wo er vom vorherigen Akt zurückgelassen wurde , und kreuzt damit zu* PIM .)

GEORGE . Herr Pim, entschuldigen Sie, aber ich denke, das gehört Ihnen.

PIM (*er nimmt es, schaut es sich genau an und vergleicht es mit der Mütze*). Das ist überhaupt nicht mein Hut. (*Setzt* GEORGES *Mütze wieder auf den Tisch legen* .)

Nein, das ist nicht mein Hut. (*Nimmt seinen eigenen Hut ab* GEORGE .) Das ist mein Hut. Auf Wiedersehen! (*Schüttelt die Hand* .) Vielen Dank. (*Blick auf die*

Mütze auf dem Tisch .) Oh nein! Ach nein! (*Geht näher an Tür* R.) Telworthy...
Ich *glaube*, das war der Name.

(*Ausgangstüren* rechts.)

(LADY MARDEN , *verärgert darüber* PIMS *Dummheit, kommt auf* L. *von* GEORGE
.)

GEORGE (*dreht sich zu* LADY MARDEN *und mit einem Seufzer der Dankbarkeit*).
Das sind wunderbare Neuigkeiten, Tante Julia.

LADY MARDEN . Höchste Vorsehung. Nun, ich muss jetzt klarkommen,
George. Verabschieden Sie sich von Olivia.

GEORGE (*geht auf die Doppeltüren zu, als wollte er sie öffnen*). Auf Wiedersehen,
Tante Julia.

LADY MARDEN . NEIN! NEIN! Ich werde diesen Weg gehen – (*nach* links
des Schreibtisches gehen) – und Olivia mehr rausholen, George. Ich mag diese
Hysterie nicht. (*Hämmert den Schreibtisch* .) Du willst fester zu ihr sein.

GEORGE . Ja! Ja! Auf Wiedersehen.

LADY MARDEN (*geht nach* links). Auf Wiedersehen.

GEORGE (*wieder zurück in der Mitte und mit großer Dankbarkeit*). Tot! Tot! (
Bewegt sich nach unten unter das Sofa L.)

(OLIVIA *kommt über die Treppe herein, beobachtet ihn und kommt leise auf* C zu.)

GEORGE (*kommt begeistert auf sie zu*). Olivia! Olivia! (*Ich will sie umarmen, aber
sie hält ihn zurück* .)

OLIVIA (*richtet sich auf*). Frau Telworthy!

GEORGE (*verblüfft*). Was? Olivia! Ich – ich verstehe nicht.

OLIVIA . Nun, Liebling, wenn mein Mann erst vor ein paar Tagen in Marseille
gestorben wäre …

GEORGE (*kratzt sich am Kopf*). Ja, ich verstehe – ich verstehe. Nun, das
können wir bald in Ordnung bringen. (*Umzug nach* L.) Ein Standesamt in
London. Gehen Sie lieber heute Nachmittag hinauf. Wir können diese Dinge
nicht zu schnell erledigen – wir können in einem Hotel übernachten.

OLIVIA (*demonstrativ*). Sie und Frau Telworthy! (*Bewegt sich langsam um die
Rückseite des Sofas* L.)

(GEORGE *bewegt sich in die Mitte* .)

GEORGE (*verblüfft*). Oh – äh – ja – ja – vielleicht bleibe ich besser in meinem
Club – ja! Am Anfang wird es etwas umständlich sein. (*Mit einem Seufzer der*

Erleichterung .) Aber niemand muss es wissen, und wie viel besser als wir befürchtet haben!

(OLIVIA *reicht bis unter das Sofa* L.)

GEORGE (*tritt auf sie zu, um sie zu umarmen*). Olivia! Olivia!

(*Sie stößt ihn ab und er geht zu ihr* L.)

OLIVIA . Frau Telworthy!

GEORGE . Ja – ja, ich weiß, aber warum sagst du das immer wieder? Was ist los mit dir? Du bist heute so seltsam. Du bist nicht wie die Olivia, die ich kenne.

OLIVIA (*setzt sich auf das Sofa zu* R.). Vielleicht kennen Sie mich doch nicht so gut.

GEORGE (*sitzt – liebevoll zu ihr* L.). Oh, das ist Unsinn, altes Mädchen. Du bist einfach meine Olivia. Jetzt können wir wieder in aller Stille heiraten und es wird niemandem schlechter gehen.

OLIVIA . Wieder verheiratet! Oh, ich verstehe, Sie möchten, dass ich Sie morgen auf dem Standesamt traue?

GEORGE . Wenn wir es bis dahin arrangieren können. (*Aufsteigen und unten überqueren* OLIVIA *bis zur Mitte* .) Ich weiß nicht, wie lange diese Dinge dauern, aber ich kann mir vorstellen, dass es keine Schwierigkeiten geben würde.

OLIVIA . Oh nein, ich denke, dieser Teil davon sollte ganz *einfach sein* . Aber – (*Sie zögert* .)

GEORGE . Aber was?

OLIVIA . Nun, wenn du mich morgen heiraten willst, George, solltest du mir dann nicht zuerst einen Heiratsantrag machen?

GEORGE (*erstaunt*). Vorschlagen?

OLIVIA . Ja. Es ist doch üblich, einer Person einen Heiratsantrag zu machen, bevor man sie heiratet, oder? Und – und wir wollen das Übliche tun, nicht wahr?

GEORGE (*verärgert*). Aber du – ich meine wir –

OLIVIA . Du bist George Marden, ich bin Olivia Telworthy, du fühlst dich zu mir hingezogen und denkst, ich wäre eine gute Ehefrau für dich, und du willst mich heiraten – also gut, dann machst du mir natürlich zuerst einen Heiratsantrag.

GEORGE (*verfällt in den Humor, wie er denkt, und geht mit einem herzlichen Lachen zu* LC *unter den Stuhl*). Das Baby! Wollte sie noch einmal einen Heiratsantrag machen?

OLIVIA (*schüchtern*). Nun ja, sie tat es eher.

GEORGE (*er sieht sich eher als Schauspieler und nimmt eine seiner Meinung nach angemessene Haltung ein*). Dann wird sie es tun. Äh – ah, Mrs. Telworthy, ich habe Sie schon lange schweigend bewundert, und jetzt ist es an der Zeit, meine Bewunderung in Worte zu fassen (*aber offenbar fällt es ihm schwer*) – äh – äh –

OLIVIA (*schaut fragend zu ihm auf und bringt ihn zu Worten; wiederholt*). Ich – ich – (*schaut verschämt nach unten.*) Oh, Mr. Marden!

(GEORGE *brüllt vor Lachen und geht zur Mitte* .)

GEORGE (*zu ihr zurückkehrend*). Olivia – äh – darf ich dich Olivia nennen?

OLIVIA . Ja, Georg.

(OLIVIA *streckt ihre Hand aus und* GEORGE *merkt es* .)

GEORGE . Wie bitte! Oh, ich verstehe. (*Er nimmt ihre Hand, gibt ihr einen kräftigen Schlag und sie zuckt zusammen.*) Olivia, ich – (*zögert.*)

OLIVIA . Ich möchte nicht unterbrechen, aber solltest du nicht auf den Knien sein? Es ist üblich, glaube ich.

GEORGE . Wirklich, Olivia, du musst mir erlauben, meinen eigenen Vorschlag auf meine eigene Weise zu verwalten.

OLIVIA (*sanftmütig – und wieder zurückhaltend*). Es tut mir Leid. Machen Sie weiter.

GEORGE . Naja – ähm – verdammt, Olivia, ich liebe dich. Willst du mich heiraten?

OLIVIA . Danke, George, ich werde darüber nachdenken.

GEORG (*lacht*). Dummes Mädchen. (*klopft ihr auf die Schulter und geht zu* R.) Na dann, morgen früh. Keine Hochzeitstorte, fürchte ich, Olivia. (*Er lacht wieder und rückt in die Mitte* .) Aber wir gehen irgendwo hin und essen gut zu Mittag.

OLIVIA . Ich werde darüber nachdenken, George.

GEORGE (*gut gelaunt und auf den hinteren Teil des Sofas zu ihr herabsteigend*). Nun, gib mir einen Kuss, während du nachdenkst.

OLIVIA . Ich fürchte, du darfst mich nicht küssen, bis wir tatsächlich verlobt sind.

GEORGE (*lacht unbehaglich, setzt sich auf den Tisch und beugt sich zu* LC *vor* OLIVIA). Oh, wir müssen das alles nicht so ernst nehmen.

OLIVIA . Aber eine Frau muss einen Vorschlag ernst nehmen.

GEORGE (*zuletzt etwas beunruhigt*). Wie meinst du das?

OLIVIA . Nun, was ich meine ist, dass die ganze Frage – (*mit einem schlauen Blick auf* „ GEORGE " – wie ich einmal jemanden sagen hörte – erfordert weitaus ängstlichere Überlegungen, als jeder von uns jemals gemacht hat. Diese übereilten Ehen –

GEORGE (*erhebt sich und geht hinterher* OLIVIA *rundes Sofa und* L. *von* OLIVIA). Hastig!

OLIVIA . Nun, Sie haben mir gerade erst einen Heiratsantrag gemacht und möchten, dass ich Sie morgen heirate.

GEORGE . Jetzt redest du völligen Unsinn, Olivia. Sie wissen ganz genau, dass unser Fall völlig anders ist als alle anderen.

OLIVIA . Dennoch muss man sich Fragen stellen. Bei einem jungen Mädchen wie – nun ja, bei einem jungen Mädchen scheint die Liebe das Einzige zu sein, was zählt. Aber bei einer Frau in meinem Alter ist das anders. Ich muss mich fragen, ob man es sich leisten kann, eine Frau zu unterstützen.

GEORGE . Sie wissen ganz genau, dass ich es mir leisten kann, eine Frau zu unterstützen, so wie meine Frau unterstützt werden sollte.

OLIVIA . Oh, ich bin froh. Dann Ihr Einkommen – darüber machen Sie sich überhaupt keine Sorgen?

GEORGE (*steif*). Sie wissen ganz genau, wie hoch mein Einkommen ist. Ich sehe keinen Grund zur Sorge für die Zukunft.

OLIVIA . Na gut, dann brauchen wir nicht mehr darüber nachzudenken.

GEORGE . Du weißt, ich kann nicht erkennen, was du vorhast. (*Setzt sich zu ihrem* L. *auf das Sofa* .) Wollen Sie nicht heiraten – um – ähm – diese außergewöhnliche Situation, in der wir uns befinden, zu legalisieren?

OLIVIA . Ich muss die ganze Frage sehr sorgfältig prüfen. Ich kann nicht einfach das allererste Angebot annehmen, das ich seit dem Tod meines Mannes erhalten habe. (*Erhebt sich und geht zur Mitte über* .)

GEORGE . Oh, ich bin also im Gespräch, oder?

OLIVIA (*kommt nach oben,* RC). Jeder Verehrer ist.

GEORGE . Na gut, weiter so! Mach weiter!

OLIVIA . Dann ist da ja deine Nichte. Sie haben eine Nichte, die bei Ihnen lebt. Natürlich ist Dinah ein entzückendes Mädchen, aber man heiratet nicht gern in einen Haushalt, in dem es eine andere erwachsene Frau gibt. Aber vielleicht wird sie bald selbst heiraten.

GEORGE . Ich sehe keine Aussicht darauf.

OLIVIA . Es würde es viel einfacher machen, George, wenn sie es täte.

GEORG (*steht auf*). Ist das eine Drohung, Olivia? (*Überquerung bis* OLIVIA .) Willst du mir sagen, dass du mich nicht heiraten wirst, wenn ich dem jungen Strange nicht erlaube, Dinah zu heiraten?

OLIVIA . Eine Bedrohung? Oh nein, George. Aber ich habe mich nur gefragt, ob du mich genauso liebst wie Brian Dinah. Liebst du mich?

GEORGE (*von Herzen*). Natürlich tue ich das, altes Mädchen.

OLIVIA . Du bist sicher, dass es nicht nur mein hübsches Gesicht ist, das Dich anzieht. Liebe, die auf bloßen Äußerlichkeiten beruht, kann nicht zu dauerhaftem Glück führen – wie einer unserer Denker festgestellt hat. (*Geht hinunter zum Sofa* R.)

GEORGE . Warum solltest du an meiner Liebe zweifeln? Man kann nicht so tun, als wären wir nicht glücklich zusammen gewesen. (OLIVIA *sitzt auf dem Sofa* R.) Ich habe–(*Ich nehme einen Stuhl von* links *von Tisch* RC *und bringe ihn nach* links *von* OLIVIA) Ich war eine gute Freundin für dich, oder? Wir – wir passen zueinander, altes Mädchen.

OLIVIA . Tun wir?

GEORG (*sitzend*). Nun, natürlich tun wir das.

OLIVIA . Ich wundere mich. Wenn zwei Menschen in unserem Alter darüber nachdenken, zu heiraten, möchte man ganz sicher sein, dass zwischen ihnen eine echte Ideengemeinschaft besteht. Nehmen wir an, dass wir uns nach einigen Jahren unserer Ehe in Fragen wie Dinahs Zukunft oder einer vergleichsweise trivialen Angelegenheit wie der richtigen Farbe für einen Vorhang oder dem Rat, den man einem Freund geben sollte, der unschuldig einen Vertrag geschlossen hatte, voneinander entfremdeten eine bigamische Ehe. Denken Sie darüber nach, wie bitter wir unseren überstürzten Sprung in eine Ehe bereuen sollten, die keine echte Partnerschaft darstellte, weder hinsichtlich des Geschmacks noch der Ideen oder sogar des Gewissens. (*Mit einem Seufzer* .) Ach ich!

GEORGE (*dreht sich schnell zu ihr um*). Bedauerlicherweise kann ich Ihnen, Olivia, zu Ihrem Argument aus eigener Kraft antworten. Du scheinst – (*lachend*) – vergessen zu haben, was du heute Morgen über den – ähm – jungen Strange gesagt hast.

OLIVIA (*mit übertriebenem Vorwurf*). Oh, aber ist es fair, George, *das, was heute Morgen gesagt wurde, in die Länge zu ziehen* ?

GEORGE (*er genießt seinen scheinbaren Erfolg*). Ha ha! Du hast es dir selbst zuzuschreiben.

OLIVIA . Ich?... Na ja, und was habe ich heute Morgen gesagt?

GEORGE . Sie sagten, es reichte völlig aus, dass Strange ein Gentleman und in Dinah verliebt war, damit ich sie heiraten ließ.

OLIVIA . Oh! Aber ist das genug, George?

GEORGE (*triumphierend*). Nun, das hast du gesagt.

OLIVIA (*sanftmütig*). Nun, George, wenn du das auch denkst, bin ich durchaus bereit, das Risiko einzugehen.

GEORGE (*freundlicherweise steht er auf und stellt den Stuhl zurück,* RC). Ha ha, mein Lieber! Siehst du!

OLIVIA . Dann denkst du *wirklich* , dass es genug ist?

GEORGE . Ich – äh – ja, ja, ich – ich denke schon.

OLIVIA (*steht auf, geht zu ihm und legt ihre Hände auf seine Schultern*). Mein Schatz! Wie lustig! Dann können wir eine Doppelhochzeit haben.

GEORGE (*erstaunt*). Ein doppeltes!

OLIVIA . Ja, du und ich, Brian und Dinah.

GEORGE (*fest und nimmt ihre Hände von seinen Schultern*). Und jetzt hör zu, Olivia, verstehe ein für alle Mal, ich lasse mich nicht dazu erpressen, meine Zustimmung zu Dinahs Verlobung zu geben. Weder erpresst noch ausgetrickst. (*Geht nach* links *unter das Sofa* .) Unsere Ehe hat überhaupt nichts mit der von Dinah zu tun.

OLIVIA . Nein, mein Lieber, ich verstehe das durchaus. Sie können ungefähr zur gleichen Zeit stattfinden, haben aber überhaupt nichts miteinander zu tun.

GEORGE (*sitzt am Fuß des Tisches* LC). Ich sehe für viele Jahre keine Aussicht darauf, dass Dinahs Hochzeit stattfinden wird.

OLIVIA . Nein, Schatz, das habe ich gesagt.

GEORGE (*im Moment nicht verstehend*). Du sagtest--? Ich verstehe. (*dreht sich um und sieht sie an* .) Schauen Sie mal, Olivia, lassen Sie uns das vollkommen klarstellen. Sie bestehen offenbar darauf, meinen – ähm – Vorschlag als ernst zu nehmen.

OLIVIA (*vorgetäuschte Überraschung*). Aber nicht wahr? Hast du mit mir gespielt?

GEORGE . Du weißt ganz genau, was ich meine. Sie betrachten es als einen gewöhnlichen Heiratsantrag eines Mannes an eine Frau, die noch nie zuvor etwas füreinander getan hat. Nun gut, würden Sie mir bitte freundlicherweise sagen, was Sie zu tun beabsichtigen, wenn Sie sich dazu entschließen, mich – ah – anzunehmen? Sie schlagen nicht vor, dass wir weiterhin zusammenleben sollen – unverheiratet?

OLIVIA (*schockiert*). Natürlich nicht, George!! Was würde – (*Pause für weitere Erklärung*) – der Landkreis – ich meine den Himmel – ich meine das Gesetz – ich meine – natürlich nicht. Außerdem ist es so unnötig. Wenn ich mich entscheide, dich anzunehmen, werde ich dich *natürlich* heiraten.

GEORGE . Ganz richtig. Und wenn Sie – ach – beschließen, mich abzulehnen, was werden Sie dann tun?

OLIVIA . Nichts.

GEORGE . Meinst du damit?

OLIVIA . Genau das, George. Ich bleibe hier – genau wie bisher.

(GEORGE *erhebt sich und nähert sich ihr, im Begriff, etwas zu protestieren* .)

Ich mag dieses Haus. (*Kreuzung unten* (GEORGE *schaut sich im Zimmer unter dem Sofa* L um.) Es müsste ein wenig renoviert werden, aber mir gefällt es, George... Ja, ich werde hier vollkommen glücklich sein! (*Setzt sich auf das Sofa* .)

GEORGE . Ich verstehe. Sie werden weiterhin hier unten leben – ungeachtet dessen, was Sie gerade über die Unmoral gesagt haben.

OLIVIA (*überrascht*). Aber was ist unmoralisch daran, dass eine Witwe, die allein in einem großen Landhaus lebt – vielleicht mit der Nichte einer lieben Freundin – bei ihr wohnt, um ihr Gesellschaft zu leisten?

GEORGE (*sarkastisch*). Oh, und bitte, was soll ich tun, wenn Sie mein Haus so freundlich für mich in Besitz genommen haben?

OLIVIA . Du! Oh, ich kann nicht *denken* ! Reisen, nehme ich an.

GEORGE (*empört und auf sie zugehend*). Danke schön! Und angenommen, ich weigere mich, aus meinem eigenen Haus vertrieben zu werden?

OLIVIA . Da wir dann nicht beide dabei sein können, sieht es so aus, als müssten Sie mich rauswerfen. (*Zu sich selbst* .) Es muss legale Möglichkeiten geben, diese Dinge zu tun. Sie müssten erneut Ihren Anwalt konsultieren.

GEORGE . Legale Wege?

OLIVIA . Naja, du könntest mich doch nicht einfach rauswerfen, oder? Du müsstest eine einstweilige Verfügung gegen mich erwirken –

(GEORGE WENDET SICH sehr *genervt ab* .)

– oder mich wegen Hausfriedensbruchs strafrechtlich zu verfolgen – oder so. Natürlich sollte ich nicht gehen, wenn ich es vermeiden könnte, mir gefällt das Haus so gut … Das wäre ein furchtbar ungewöhnlicher Fall, nicht wahr? Die Zeitungen wären voll davon.

GEORGE . Die Papiere!

OLIVIA (*ruft als Zeitungsjunge an*). Extra Spezial! Witwe eines bekannten Ex-Sträflings übernimmt JPs Haus! Besonders! Besonders!

GEORGE (*wütend*). Ich habe genug davon. (*Kommt zu Tisch LC und spricht rüber* .) Meinst du diesen ganzen Unsinn?

OLIVIA . Nun ja, was ich *meine* , *ist* , dass ich es nicht eilig habe, nach London zu gehen und zu heiraten. Ich liebe das Land im Moment und – (*mit einem Seufzer*) – nach diesem Morgen habe ich die Ehemänner ziemlich satt.

GEORGE (*wütend*). Ich habe noch nie in meinem Leben so viel – verdammten (*knallt Tisch*) … *Unsinn gehört. Ich werde dich zurücklassen, damit du wieder zur Besinnung kommst.*

(*Er geht raus, die Treppe hinauf nach* rechts.)

(OLIVIA *erhebt sich und geht zur Mitte und schaut zu* GEORGE *aus. Sie küsst ihm die Hände, dreht sich dann zu L. , sieht Vorhänge und einen Arbeitskasten und streckt vor Ekstase ihre Arme aus, geht zum Schrank, nimmt sie hoch und kommt herunter, L.* OLIVIA *sitzt mit Vorhängen auf dem Schoß auf dem Sofa und stellt den Arbeitskasten zu ihrem L. auf das Sofa, und dabei tut sie es* HERR PIM *Er kommt von oben* rechts *durch die Fenster herein und tippt,* als er rechts *vom Schreibtisch kommt, mit seinem Regenschirm darauf, um ihn anzulocken* OLIVIAS *Aufmerksamkeit. Sie dreht sich um und sieht ihn. Er blickt sich nervös zur Treppe* R *um und hat Angst vor der Rückkehr von* GEORGE .)

PIM (*flüsternd*). Ähm – darf ich reinkommen, Frau Marden?

OLIVIA (*überrascht*). Herr Pim!

PIM (*sieht sich ängstlich und erneut zur Treppe um*). Mr. Marden ist – äh – nicht hier?

OLIVIA (*steht auf*). NEIN! Willst du ihn sehen? Ich werde--

PIM (*sieht sich noch einmal zur Treppe um und bewegt sich in der Mitte nach unten*). Nein nein Nein! Nicht für die Welt. Es besteht keine unmittelbare Gefahr seiner Rückkehr, Mrs. Marden?

OLIVIA (*überrascht*). Nein, das glaube ich nicht, Herr Pim. (*Hängt Vorhänge herunter*). Aber was ist es? Du--

PIM . Ich habe mir erlaubt, zum Fenster zurückzukehren, in der Hoffnung, Sie allein zu finden.

OLIVIA (*sitzt wieder*). Ja?

PIM (*immer noch ziemlich nervös und wirft verzweifelt die Arme hoch*). Mr. Marden wird so wütend auf mich sein, und das völlig zu Recht. Oh, ich gebe mir selbst die Schuld. Ich gebe mir völlig die Schuld. Ich weiß nicht, wie ich so dumm sein konnte. (*Sitzt auf dem Stuhl* LC und *ist sehr besorgt*).

OLIVIA . Was ist los, Herr Pim? Mein erster Mann ist nicht wieder zum Leben erwacht, oder?

PIM . NEIN! NEIN! NEIN! (*Sah sich zu* R. um *und sprach sehr geheimnisvoll über* den Tisch LC hinweg) Tatsache ist – sein Name war Pelwittle.

OLIVIA (*ratlos*). Wessen? Meines Ehemannes?

PIM . Ja ja. Henry Pelwittle, armer Kerl.

OLIVIA . Aber der Name *meines* Mannes war Telworthy.

PIM . NEIN! Oh je, nein! Pelwittle. (*Entschlossen* .) Es kam mir plötzlich wieder in den Sinn, als ich das Tor erreichte – Henry Pelwittle, der arme Kerl.

OLIVIA . Aber wirklich, Mr. Pim, ich sollte es wissen.

PIM . NEIN! NEIN! Pelwittle.

OLIVIA . Aber wer ist Pelwittle?

PIM (*überrascht über ihre Dummheit*). Der Mann, von dem ich Ihnen erzählt habe, der in Marseille den traurigen Todesfall erlitt. Henry Pelwittle... (*Mit der Hand am Kinn, tief nachdenkend* .) Oder war es *Ernest* ? NEIN! *Henry* Pelwittle, armer Kerl.

OLIVIA (*empört*). Aber, Herr Pim, Sie sagten, sein Name sei Telworthy. Wie konntest du?

PIM . Oh, ich gebe mir selbst die Schuld, ich gebe mir völlig die Schuld.

OLIVIA . Aber wie könnte man sich einen Namen wie Telworthy *vorstellen* , wenn er nicht Telworthy wäre?

PIM (*eifrig*). Ah, ah, das ist das wirklich Interessante an der ganzen Sache.

OLIVIA (*vorwurfsvoll*). Ja, Herr Pim, alle Ihre heutigen Besuche hier waren sehr interessant.

PIM . Oh, sehr interessant, sehr interessant. Sehen Sie, Mrs. Marden, als ich heute Morgen zum ersten Mal hier erschien, wurde ich von – Miss Diana empfangen, die –

OLIVIA . Dina!

PIM . Wie bitte?

OLIVIA . Dina. Ihr Name ist Dinah!

PIM (*hält inne*). Du liegst richtig. Dinah – oh ja. Miss Dinah, ja. Sie war – äh – eher in einer kommunikativen Stimmung, und ich nehme an, als Zeitvertreib erwähnte sie, dass Sie vor Ihrer Heirat mit Mr. Marden eine Mrs. – äh – gewesen waren.

OLIVIA . Telworthy.

PIM . Telworthy, ja, natürlich. Sie erwähnte auch Australien. Als ich versuchte, mich an den Namen des armen Kerls auf dem Boot zu erinnern, den ich, wie Sie sich erinnern werden, auch in Australien getroffen hatte, durch einen merkwürdigen Prozess des Gehirns – der mir ausgesprochen merkwürdig vorkommt – die Tatsache, dass dieser andere Name war auch in meinem Gedächtnis gespeichert, ein ebenso eigenartiger Name – diese Tatsache sage ich –

OLIVIA (*sieht, dass der Satz schnell in die Brüche geht*). Ja, ich verstehe es durchaus.

PIM . Ich gebe mir selbst die Schuld, ich gebe mir völlig die Schuld.

OLIVIA . Oh, das dürfen Sie nicht tun, Herr Pim.

PIM . Oh, aber, Frau Marden, können Sie mir den unnötigen Kummer verzeihen, den ich Ihnen heute bereitet habe?

OLIVIA . Oh, bitte machen Sie sich darüber keine Sorgen.

PIM . Und Sie werden es Ihrem Mann sagen – Sie werden ihm die Neuigkeit überbringen?

OLIVIA (*erstaunt*). Oh ja! Ich werde ihm die *Neuigkeit überbringen.*

PIM (*erhebt sich und streckt seine Hand aus*). Na dann, ich denke, bevor er zurückkommt, werde ich mich verabschieden und – äh …

OLIVIA (*steht auf*). Einen Moment, Herr Pim. Lassen Sie es uns dieses Mal ganz klar sagen. Du hast meinen Mann Jacob Telworthy nie gekannt?

PIM . NEIN!

OLIVIA . Du hast ihn nie in Australien getroffen?

PIM . NEIN!

OLIVIA . Du hast ihn nie auf dem Boot gesehen?

PIM . NEIN!

OLIVIA . Und *ihm ist in Marseille überhaupt nichts passiert?*

PIM . NEIN!

OLIVIA . Ist das richtig?

PIM (*zögert und denkt sehr gründlich darüber nach*). Ich glaube schon.

OLIVIA . Nun gut, da sein Tod vor sechs Jahren in Australien bekannt gegeben wurde, ist er vermutlich immer noch tot?

PIM . Zweifellos.

OLIVIA (*streckt mit einem bezaubernden Lächeln ihre Hand aus*). Dann auf Wiedersehen, Herr Pim, und vielen Dank für – für all Ihre Mühe.

PIM: Überhaupt nicht, Mrs. Marden. Ich gebe mir selbst die Schuld, ich gebe mir völlig die Schuld.

OLIVIA Oh! Das darfst du nicht tun.

(*Geht in die Mitte* PIM *trifft* DINAH , *die durch das Fenster auf der linken Seite hereinkommt, geht hinter den Schreibtisch und kommt rechts von ihm herunter* .

(DINAH wird von BRIAN GEFOLGT , der auf ihrem R. ist.)

DINAH Hallo, da ist Mr. Pim. (*Zu* BRIAN.)

PIM (*sieht nervös zur Tür, für den Fall, dass* MR. MARDEN *hereinkommt*). Ja, ja, ich – äh –

DINAH Oh, Mr. Pim, Sie dürfen nicht weglaufen, ohne auch nur zu sagen, wie es Ihnen geht! Bleibst du zum Tee?

PIM (*sieht nervös zur Treppe hinüber*). Ich fürchte, ich –

OLIVIA Mr. Pim muss sich beeilen, Dinah. Du darfst ihn nicht behalten.

DINAH Na ja, aber du kommst wieder?

PIM, ich fürchte, ich bin nur eine Passantin, Miss – äh – Dinah.

OLIVIA Du kannst Mr. Pim bis zum Tor bringen.

PIM (*dankbar an* OLIVIA). Danke schön. (*Mit einem nervösen Blick auf die Treppe R geht er auf die Fenster zu.*) Wenn Sie so freundlich wären, Miss Dinah –

DINAH (*nimmt seinen Arm*). Dann kommen Sie, Herr Pim.

BRIAN, ich komme nach.

DINAH (*nimmt ihn hoch L.*). Ich möchte alles über deine erste Frau hören.

PIM Oh, aber ich habe keine erste Frau.

DINA. Du hast mir noch nicht wirklich etwas erzählt.

(*Sie gehen links hinauf.*)

BRIAN, ich komme nach.

(OLIVIA *nimmt ihre Arbeit wieder auf und* BRIAN *geht zum Fußende des Tisches LC und setzt sich darauf.*)

BRIAN (*unbeholfen*). Wenn Sie das nicht für frech halten, wollte ich nur sagen, dass ich – ich bin auf Ihrer Seite, wenn ich es sein darf, und wenn ich Ihnen überhaupt helfen kann, wäre ich sehr stolz darauf, dass ich es tun darf.

OLIVIA (*schaut zu ihm auf und nimmt seine Hand*). Brian, du Liebes, das ist süß von dir. Aber im Moment ist alles in Ordnung, wissen Sie.

BRIAN Was?

OLIVIA. Ja, das hat Herr Pim gesagt. Er hatte sich bei dem Namen geirrt –

BRIAN (*steht auf*). Guter Gott!

OLIVIA (*lächelnd*). George ist der einzige Ehemann, den ich habe.

BRIAN (*überrascht*). Was? Du meinst, dass die ganze Sache, dass Pim –

OLIVIA (*wiederholend*). Das ganze Ding.

BRIAN (*geht zum Fenster R und ruft L. voller Überzeugung zu*). Dummer Arsch!

OLIVIA (*freundlicherweise*). Oh nein, nein, ich bin mir sicher, dass er das nicht wollte. (*Nach einer Pause* .) Brian, weißt du etwas über das Gesetz?

BRIAN (*kommt C herunter*). Das Gesetz? Ich fürchte nein. Ich hasse das Gesetz. Warum? (*Sitzt am Fußende des Tisches LC*)

OLIVIA . Nun, ich habe mich nur gefragt. Angenommen, George und ich hätten uns aus Versehen ein zweites Mal geheiratet, weil wir dachten, die erste Ehe sei nicht ganz in Ordnung, und dann stellten wir fest, dass die erste Ehe in Ordnung war – nun ja …

BRIAN . Was zum Teufel meinst du?

OLIVIA . Nun, ich meine, es ist nichts Falsches daran, dieselbe Person zweimal zu heiraten?

BRIAN (*erhebt sich, geht in die Mitte und denkt darüber nach*). Ach nein. Hundertmal, wenn Sie so wollen, sollte ich mir vorstellen.

OLIVIA . Oh!

BRIAN . Schließlich machen sie es in Frankreich immer zweimal durch, nicht wahr? Einmal vor dem Bürgermeister oder sonst jemandem und einmal in der Kirche.

OLIVIA . Natürlich tun sie das! Wie dumm von mir. Wissen Sie, das ist eine sehr gute Idee. Das sollten sie in England mehr tun.

BRIAN . Nun, einmal wird für Dinah und mich reichen, wenn du es schaffst. (*Besorgt* .) Glaubst du, dass es eine Chance gibt, Olivia?

OLIVIA (*lächelnd*). Jede Chance, Liebes.

BRIAN (*kommt an die obere Tabelle* LC). Ich sage: Wirklich? Hast du ihn im Griff? Ich meine, hat er –

(GEORGE *hört man die Melodie von „Pop goes the weasel“ von* R. *summen.*)

OLIVIA . Du gehst jetzt und holst sie ein. Wir werden später darüber reden.

BRIAN . Gesundheit. Richtig!

(*Lauf nach* links *und links nach oben gehen*)

(*Als er durch die Fenster hinausgeht,* GEORGE R. GEORGE *kommt durch die Tür herein steht vor* RC *und dreht sich dann zu* OLIVIA , *die in ihrem Vorhang versunken ist. Er geht im Zimmer auf und ab, spielt mit Dingen herum und wartet darauf, dass sie etwas sagt. Da sie nichts sagt, beginnt er selbst zu reden, aber offensichtlich unbekümmert. Nach jeder ihrer Antworten gibt es eine Pause, bevor er seine nächste Bemerkung macht .*)

GEORGE (*beiläufig*). Gutaussehender Kerl, Strange. Was?

OLIVIA (*ebenso beiläufig*). Brian, ja, nicht wahr? Und so ein netter Junge.

GEORGE . Ja ja! (*Erblickt den Vorhang, den sie gerade näht. Sie summt die Melodie „Pop goes the weasel“ – überquert* R. *zum Klavier und spielt mit einem Finger ein paar Noten von „Pop goes the weasel“.*) Habe fünfzig Pfund für ein Bild bekommen Neulich, nicht wahr? (*Ich gehe ein wenig auf die Bühne .*)

OLIVIA . Ah ja! Natürlich hat er gerade erst angefangen –

GEORGE . Die Kritiker denken gut über ihn. (*Leichte Pause .*) Was?

(*Auf C. neben dem Stuhl vor dem Schreibtisch .*)

OLIVIA . Sie alle sagen, er sei genial. Oh, ich glaube nicht, dass daran Zweifel bestehen. (*Pause .*)

(GEORGE *links vom Schreibtisch .*)

GEORGE . Nein, nein! (*Eine kurze Pause, und er singt erneut .*) Natürlich behaupte ich selbst nicht, etwas über Malerei zu wissen.

OLIVIA . Du hattest noch nie Zeit, damit anzufangen, mein Lieber.

GEORGE (*kommt ein wenig nach* links) Nein! NEIN! Natürlich weiß ich, was mir gefällt. Ich kann nicht sagen, dass ich in diesem neumodischen Zeug viel sehe. Wenn ein Mann malen kann, warum kann er dann nicht malen wie – wie Rubens oder – oder Reynolds, oder –

OLIVIA . Ich nehme an, wir haben alle unseren eigenen Stil. Brian wird ihn direkt finden. Natürlich fängt er gerade erst an. (*Pause* .)

GEORGE (*kreuzt die Mitte*). Ja ja. Aber die Kritiker halten viel von ihm, was?

OLIVIA . Oh ja.

GEORGE . Ja! Hm! (*Pause* .) Gutaussehender Kerl.

(*Diesmal herrscht eher eine längere Stille.* GEORGE L. *kommt hinter das Sofa zurück und hofft weiterhin, dass er lässig und unbekümmert wirkt – er steht da und schaut zu* OLIVIAS *einen Moment arbeiten* .)

GEORGE (*unten* links). Fast fertig?

OLIVIA . Fast. (*Lächelt vor sich hin, wendet sich zu R. ab und tut so, als würde sie nach einer Schere suchen* .) Hast du meine Schere irgendwo gesehen?

GEORGE (*schaut sich um*). Schere?

OLIVIA (*dreht sich zu L. um und findet sie in ihrer Arbeitskiste*). Schon gut, hier sind sie——

GEORGE (*nach* links *unten, mit Blick auf den Stuhl* OLIVIA). Wo gedenkst du, sie aufzuhängen?

OLIVIA (*als ob sie sich das wirklich wundern würde*). Ich weiß es nicht genau... Ich *hatte* an dieses Zimmer gedacht, aber – ich bin mir nicht ganz sicher.

GEORGE (*überquert unten* OLIVIA *zur Mitte*). Ah! Ja! Den Raum etwas aufhellen.

OLIVIA . Ja.

GEORGE (*geht in der Mitte ein wenig in Richtung Fenster*). Hm, ja – Sie sind etwas verblasst.

OLIVIA (*schüttelt ihre aus und betrachtet sie kritisch*). Weißt du, manchmal denke ich, dass ich sie liebe, und manchmal bin ich mir nicht ganz sicher.

GEORGE . Der beste Weg ist, sie aufzuhängen und zu sehen, wie sie Ihnen gefallen. Nehmen Sie sie immer wieder ab.

OLIVIA . Oh, das ist eine gute Idee, George.

GEORGE . Bester Weg.

OLIVIA . Ja.... Ich denke, wir könnten das versuchen – (*sieht sich auf dem Sofa und den Teppichen usw. um*) – das Einzige ist – (*Sie zögert .*)

GEORGE . Was?

OLIVIA . Nun, die Teppiche und die Stuhlbezüge und die Kissen und so –

GEORGE . Nun, was ist mit ihnen?

OLIVIA . Na ja, wenn wir neue Vorhänge hätten –

GEORGE . Du würdest doch einen neuen Teppich wollen, oder?

OLIVIA (*zweifelnd*). Naja, *jedenfalls neue Stuhlbezüge.*

GEORGE . Hm!... Nun, warum nicht?

OLIVIA . Oh doch-

GEORGE (*mit einem verlegenen Lachen*). Es geht uns gar nicht so schlecht, wissen Sie.

OLIVIA (*schnell*). Nein, ich glaube nicht, dass wir wirklich–

GEORGE . Nein, nein, nein, ja – ich meine nein.

OLIVIA (*nachdenklich*). Ich nehme an, das würde bedeuten, dass ich nach London fahren müsste, um sie auszuwählen. Wissen Sie, das ist ziemlich lästig.

GEORGE (*äußerst lässig und bewegungsfreudig* OLIVIA). Oh, ich weiß es nicht. Vielleicht gehen wir eines Tages zusammen hinauf.

OLIVIA . Nun ja, wenn wir Lust *hätten* – auf etwas anderes –

GEORGE (*geht zweifelnd weg*). Ja ja! Das ist es was ich meinte.

(*Es herrscht erneut Stille .* GEORGE *Ich frage mich, ob ich mich der großen Frage näher nähern soll .*)

OLIVIA . Ach übrigens, George –

GEORGE . Ja?

OLIVIA (*unschuldig*). Ich habe Brian gesagt, und natürlich wird er es Dinah sagen, dass Mr. Pim sich bei dem Namen geirrt hat.

GEORGE (*erstaunt, geht auf ihn zu* OLIVIA). Fehler beim Namen?

OLIVIA . Ja – ich habe Brian gesagt, dass die ganze Sache ein Fehler war, ich dachte, das sei der einfachste Weg.

GEORGE . Olivia – (*geht nach unten und zu ihrem L.)* – dann meinst du, dass Brian und Dinah das denken – dass wir die ganze Zeit verheiratet waren?

OLIVIA . Ja.

GEORGE (*kommt näher zu ihr*). Olivia, heißt das, dass du darüber nachdenkst, mich zu heiraten?

OLIVIA . Bei Ihrem alten Standesamt?

GEORGE (*eifrig*). Ja!

OLIVIA . Morgen?

GEORGE . Ja.

OLIVIA . Willst du, dass ich es wirklich tue?

GEORGE . Mein Schatz, du weißt, dass ich es tue.

OLIVIA . Wir sollten es sehr ruhig halten, George.

GEORGE . Nun, natürlich – (*setzt sich zu ihrem* L.) – muss niemand davon erfahren. Wir wollen nicht, dass es jemand erfährt. Und jetzt, wo du Brian und Dinah auf die falsche Fährte gebracht hast, indem du ihnen gesagt hast – (*er bricht ab und sagt bewundernd*) –, war das sehr klug von dir, Olivia. Daran hätte ich nie denken sollen.

OLIVIA (*unschuldig*). George – du denkst doch nicht, dass es *falsch war*, oder?

GEORGE (*sein Urteil, er nimmt ihre Hände und tätschelt sie*). Eine harmlose Täuschung... vollkommen harmlos.

OLIVIA . Ja, Liebes, das war es, worüber ich nachgedacht habe (*lachend vor sich hin*), was ich tat.

GEORGE . Dann kommen Sie morgen nach London?

(*Sie nickt* .)

Und wenn wir einen Teppich oder irgendetwas anderes sehen sollten, was wir wollen …

OLIVIA . Oh, Georg!

GEORGE (strahlt, erhebt sich und weicht *ein wenig zu* L. *zurück*). Und Mittagessen im Carlton, was?

OLIVIA (*nickt eifrig*). Oh!

GEORGE . Und – und ein bisschen Flitterwochen in Paris?

OLIVIA . Oh, was für ein Spaß!

GEORGE (*hungrig*). Gib mir einen Kuss, altes Mädchen.

OLIVIA (*liebevoll*). George!

(*Sie hält ihm ihre Wange entgegen. Er küsst sie und nimmt sie dann plötzlich in die Arme* .)

GEORGE . Verlass mich nie, altes Mädchen.

OLIVIA (*liebevoll*). Schicken Sie mich niemals weg, alter Junge.

GEORGE (*inbrünstig*). Das werde ich nicht. (*Unbeholfen* .) Ich – ich glaube nicht, dass ich es wirklich *hätte tun sollen* , wissen Sie? Ich–ich——

(DINA *Kommt von* links oben , *kreuzt die Rückseite des Schreibtisches und rundet rechts ab* . BRIAN *folgt ihr* .)

DINAH (*sieht überrascht die Umarmung*). Oo – sage ich!

(GEORGE *sieht eher wie ein Idiot aus und fühlt sich auch so an* .)

GEORGE . Hallo!

(OLIVIA *setzt sich und näht weiter* .)

DINAH (*kommt in die Mitte und geht unter das Sofa* links, *ungestüm auf ihn zu*). Gib mir auch eins, George. Brian wird es nicht stören.

GEORGE (*förmlich, aber es macht Spaß*). Stört es Sie, Mr. Strange?

BRIAN (*etwas unbehaglich*). Oh, ich sage, Sir –

GEORGE . Wir werden es riskieren, Dinah. (*Er küsst sie* .)

DINAH (*triumphierend zu* BRIAN *und oben stehen* GEORGE). Ist dir das aufgefallen? Das war nicht nur ein gewöhnlicher zärtlicher Kuss. Das war ein besonderes „Segne euch, meine Kinder". (*Zu* GEORGE .) Nicht wahr?

OLIVIA . Du redest wirklich Unsinn, Liebling.

DINAH (*schnell nach unten und nach rechts* gehend BRIAN). Nun, ich bin jetzt so glücklich, dass Pim in Bezug auf Ihren ersten Ehemann nachgegeben hat – (GEORGE *fängt* OLIVIAS *Auge und Lächeln; sie lächelt zurück; aber es sind unterschiedliche Lächeln* .)

GEORGE (*der Schauspieler*). Ja, ja, dummer Kerl, Pim, was?

BRIAN . Ja. Absoluter Idiot, finde ich!

DINA . Und jetzt, wo George nachgegeben hat – (*mit einem bedeutungsvollen Blick auf* BRIAN) – *mein* erster Ehemann –

GEORGE . Hier kommt man viel zu schnell weiter. (*Kreuzung unten* OLIVIA *Zu* BRIAN .) Du willst also meine Dinah heiraten, oder?

BRIAN (*mit einem Lächeln*). Nun ja, das tue ich eher, Sir.

GEORG (*zu* BRIAN). Na ja, reden Sie besser mit mir darüber – ähm – (*mit einem schlauen Blick auf* OLIVIA)–Brian.

BRIAN . Vielen Dank, mein Herr.

(GEORGE *geht hoch und* BRIAN imitiert *seinen Gang und begleitet ihn* .)

GEORGE . Dann kommen Sie doch mal vorbei. (BRIAN *schaut auf seine Uhr* .) Ich fahre nach dem Tee in die Stadt, also sollten wir besser –

DINAH (*bewegt sich nach* rechts *von* BRIAN). Ich sage: Gehst du nach London?

GEORGE (*mit einem schlauen Blick auf* OLIVIA). Ja, ein kleines Geschäft.

DINAH (*frech*). Äh?

GEORGE . Macht dir nichts, junge Frau. (*Zu* BRIAN .) Komm mit, wir gehen runter und schauen uns die Schweine an.

BRIAN . Richtig!

(*Sie gehen nach* L. *wann* OLIVIA *Anrufe* .)

OLIVIA . George, geh nicht zu weit weg; Vielleicht will ich dich.

GEORGE . In Ordnung! Ich werde draußen auf der Terrasse sein. Rufen Sie mich an, wenn Sie mich wollen.

(GEORGE *Und* BRIAN *geh an den Fenstern hoch* L.)

(DINA *folgt* R. *und passt auf sie auf* .)

DINAH (*sieht ihnen zu*). Brian und George reden immer vor den Schweinen über mich. So taktlos von ihnen. Ich sage: Gehst du auch nach London, Liebling? (*Kommt zum Tisch* LC)

OLIVIA . Morgen – (*Aufstehen und Vorhänge ausschütteln* .)

DINA . Was wirst du in London machen?

OLIVIA . Oh, einkaufen und – ein oder zwei Kleinigkeiten.

DINA . Mit George?

OLIVIA . Ja. (*Kreuzung nach oben in der Mitte unten* DINA *mit Vorhängen* .)

DINAH (*setzt sich auf den Tisch* LC). Ich sage, war es nicht wundervoll mit Pim?

OLIVIA . Schön?

DINA . Ja, er hat mir alles erzählt. Ich meine, so einen Haufen Dinge zu machen.

OLIVIA (*unschuldig*). Hat er die Dinge vermasselt?

DINA . Nun ja, ich meine, so weiterzumachen. Und wenn man das Ganze betrachtet – nun ja, nach allem, was er zu sagen hatte, hätte er überhaupt nicht kommen müssen.

OLIVIA . Nun, ich glaube nicht, dass ich es so ausdrücken sollte, Dinah.

DINAH (*bezogen auf Vorhänge*). Ich sage, sind sie nicht lustig?

OLIVIA . Ich bin so froh, dass sie allen gefallen. Sag George, dass ich bereit bin, Liebes.

DINA . Ich sage: Wird *er* sie für dich aufhängen?

OLIVIA . Nun, ich dachte, er könnte vielleicht besser erreichen.

DINA . Okay, ich werde es ihm sagen. (*Überquert L. die Terrasse und sagt ab* .) George! (*Er kehrt zum hinteren* linken *Ende des Schreibtisches zurück* .) Brian erzählt George gerade von den fünf Schilling, die er im Postamt hat – (*überquert wieder* links *die Terrasse und ruft ab* .) George!!

GEORGE (*von Off* L.). Kommen!

DINAH (*kommt spielerisch in die Mitte und imitiert die Schritte einer Fee*). Langsame Musik, während die Vorhänge hochgehen. (*Sitzt am Klavier und spielt „Als ich an deinem Fenster vorbeikam.“*)

(*GEORGE kommt von oben* links, *gefolgt von* BRIAN .)

GEORG (*zu* OLIVIA). Was ist los, Liebling?

OLIVIA . Ich wünschte, du würdest mir helfen, diese Vorhänge anzubringen?

GEORGE . Natürlich, Liebes. Ich nehme besser die Bibliothekstreppe. (*Geht zu den Türen rechts und geht hinaus* .)

(BRIAN *geht schnell zu* OLIVIA *und küsst ihr dankbar die Hand, dann kommt sie zu* DINAH *und verneigt sich vor ihr* .)

BRIAN . Gnädige Frau! Ich beehre mich, Ihnen mitzuteilen, dass es Ihnen von nun an freisteht, mich als Ihren Verlobten zu betrachten.

DINAH (*steht schnell auf und geht vor*). Schatz!

BRIAN (*winkt zurück*). NEIN! NEIN! Bleib hier! (*Sie zieht sich zurück und setzt sich ans Klavier* .) Spielen Sie weiter.

(DINA *spielt weiter und holt ein Skizzenbuch heraus, setzt sich auf das Sofa und skizziert sie* .)

DINA . Was ist es?

(OLIVIA *kommt in die Mitte und beobachtet sie* .)

BRIAN . Porträt von Lady Strange.

(*GEORGE betritt die Tür* rechts *mit Stufen und überquert sie rechts. Platziert sie in der Nähe* des rechten *Fensters* .)

OLIVIA (*sie reicht ihm die Vorhänge, geht nach links zum Schreibtisch und dreht sich um die Lehne, um zuzusehen* GEORGE). Bist du bereit, Liebes?

GEORGE (*steigt die Stufen hinauf*). Ja, ganz fertig.

OLIVIA . Dort! (*Die Vorhänge verheddern sich und er fällt fast hin* .) Oh, pass auf dich auf, mein Lieber!

GEORGE (*erneut die Stufen hinaufsteigend*). Oh, das ist alles in Ordnung, mein Lieber. Sie sind etwas lang. (*Die Vorhänge verwickeln sich um seinen Kopf.*)

(HERR PIM *kommt auf mysteriöse Weise von oben* links herein.)

(OLIVIA *blickt auf* GEORGE .)

(PIM *berührt sie an der Schulter und erschrocken dreht sie sich zu ihm um* . DINA *Als er ihn eintreten sieht, hört er auf zu spielen.* OLIVIA *, nicht bereit, anzuziehen* GEORGES *Aufmerksamkeit, Signale an* DINA *weiterspielen, und sie tut es* .)

PIM . Frau Marden! Ich *musste* zurückkommen – mir fiel gerade ein, dass er *Ernest* Polwittle hieß – nicht *Henry* ! (*geht nach* links) Nicht Henry!

(DINA *spielt forte* .)

SCHNELLER VORHANG.

SZENENHANDLUNG

Eichengetäfelte Kammer mit tiefem Zierfries.

Deckentuch , bemalt mit geschnitzten Eichenbalken.

Kamin : Großer offener Steinkamin, der überall mit Riffelungen und geschnitzten Steinen verziert ist.

Türen : Schwere Eichentüren nach rechts zum Öffnen.

Windows .–C. Fenster (französische Fenster), die sich von der Terrasse auf die Bühne öffnen.

Treppe. –Treppe nach hinten rechts mit geschnitzter Balustrade. Transparente Buntglasfenster oben auf der Treppe.

Rückentuch . – Bemalter Garten und Terrasse mit Steinsitz C.

GRUNDSTÜCK

AKT I

Bühnentuch nach unten . – Parkett-Bühnentuch mit Marmorpflasterstück auf der Rückseite für die Terrasse.

Hoch- und runtergelegter *Perserteppich R.*

Perserteppich auf- und abgelegt L.

Sofa quer nach links gestellt (jakobinisches Sofa mit Gobelinbezug).

Auf Sofa L. Zwei Gobelinkissen.

Gelegentlicher jakobinischer Tisch rechts vom Sofa unten links.

Hocker . – Mit rosafarbener Polsterung auf der rechten Seite des Tisches.

Halbflügel , mit Tastatur unten auf der Bühne, *rechts unten* unter den Flügeltüren.

Am Klavier . – Dinahs Musikinstrument.
Klavierbezug aus seidenrosa Brokat. Foto von Olivia im Rahmen. Foto von George Marden im Rahmen. Foto von Dinah im Rahmen. Foto von Brian im Rahmen. EP-Spiegel. Blaue Porzellanschale mit Blumen. Menge an Musik.

Gelegentlicher jakobinischer Stuhl . – Unter dem Klavier.

Sofa (kleines Queen-Anne-Sofa mit Rohrrückenlehne), oben und unten auf der Bühne vor und links vom Klavier aufgestellt.

Kissen – dunkelgoldener Brokat – auf Sofa.

Tisch (gelegentlich jakobinisch) über dem Sofa links, mit Klavier.

Auf dem Tisch . – Illustrierte Papiere.
Rosafarbenes Stück Brokat.

Stuhl (gelegentlich jakobinischer Stuhl mit rosafarbener Sitzfläche) links vom Beistelltisch über dem Sofa.

Sideboard (jakobinisch) rechts oben an der Rückwand.

Auf dem Sideboard . – Metallschale (mit Blumen)
Streichholzständer. Streichhölzer (Sicherheit). Aschenbecher.
Tabakglas gefüllt.
Georges Pfeife füllte sich. Foto im Rahmen. Zigarettenschachtel (mit Zigaretten). Vasenlampe mit Schirm.

Sessel (jakobinisch mit rosafarbenem Polster) – L. Sideboard mit Blick aus dem Fenster.

Vorhänge. –Paar rosafarbene Cordvorhänge mit Raffhaltern für Mittelfenster. Einzelner rosafarbener Cordvorhang für den Torbogen oben rechts. Aufgehängt an der Bühnenseite des Bogens.

Treppe. –Treppendecke aus bemaltem Segeltuch.
Treppenstangen aus Messing.

Beistellstuhl (jakobinisch mit rosafarbenem Polster).–L. von Fenstern und an der Rückwand.

Tisch (gelegentlich jakobinisch). – Links oben an der Rückwand.
   Auf dem Tisch. –Metallschale mit rosa Azaleenpflanze im Topf.

Schreibtisch. –Vorn und unterhalb der C.-Fenster (mit Leder bezogen).
   Auf dem Schreibtisch. –Probenglas mit Blumen
Schreibmaterialien. Streichhölzer im Stand. Aschenbecher. Papier- und Stifthalter. Kleines Bücherregal.

Sessel (jakobinisch) unter Schreibtisch C.

Großer Schrank (jakobinischer Hofschrank) mit drei Schranktüren und auf kurzen Beinen – nach links oben an der linken Wand über dem Kamin.
   Im Schrank. –Sehr ausgeprägte *gelbe und schwarze Vorhänge* mit Gurtband, *das Olivia* an Ringen annähen kann.
   Arbeitskasten für Olivia mit Nadeln, Faden, einer Anzahl Ringe und einer Schere.
   Oben auf dem Schrank. –Metallschale mit Palme im Topf.
Schere (zusätzlich als Notfall für Brians Geschäft). Großes Glas mit Blumen.

Papierkorb. –Nach links vom Schreibtisch.

Kamin (L.). – Messinghunde und antike Feuerzange.

Kombinierter Schalter und Klingelknopf aus Messing an der Wand unten links unter dem Kamin.

Messing-Überlaufkasten über Klingelknöpfen an der Wand links unter dem Kamin.

Tisch (kleines jakobinisches rundes Rohrgeflecht) im Winkel des Kamins und an der Wand nach links unter dem Kamin.
   Auf dem Tisch. –Streichholzständer und Streichhölzer (Sicherheit). Aschenbecher.

Sessel (jakobinisch mit rosafarbenem Polster) unten links und rechts des runden Tisches links, mit Blick auf die Bühne.

Bilder an Wänden. –Bild im Goldrahmen an der Wand unten rechts.
Bild im Goldrahmen an der Wand über den Doppeltüren rechts. Bild im
Goldrahmen rechts von der rechten Wand hinten. Bild in Goldrahmen
links von der rechten Wand auf der Rückseite. Bild im Goldrahmen rechts
von links an der Rückwand. Bild im Goldrahmen L. von L. zurück
jammern.

HANDEIGENSCHAFTEN

Off R. – Kartenteller und Karte für *Anne* .
Brief im Umschlag ungestempelt auf Tablett. Brief im Umschlag, frankiert
für Herrn Pim. Brief im Umschlag ohne Stempel für *George Marden* .
Visitenkarte eines Herrn (Mr. Carraway Pim) für *George Marden* .

AKT II

Gleiche Szene und Eigenschaften .
Dinahs kleine Gitarre am Klavier.

Auf der Terrasse stehen
3 hellgrüne Campingstühle aus Segeltuch. 2 grün-weiß gestreifte
Campingstühle. Klappbarer Campingtisch mit grüner Baize-Platte.

Die Vorhänge wurden zusammengefaltet und im Schrank links platziert.

Off R.
Großes EP-Tablett mit Doppelgriff. 5 Kaffeetassen (farbig für Kaffee) und
Untertassen, 5 Kaffeelöffel. Zuckerdose mit Zucker.

Kleine Jagdernte für *Lady Marden* .
Dicke Lederhandschuhe für *Lady Marden* .
Zigarettenetui für *Brian* .

AKT III

Gleiches Bühnenbild und gleiche Möbel wie Akt II .

Off R. – Paar kurze Bibliotheksstufen (für *George Marden*).

ELEKTRISCHES GRUNDSTÜCK

Kronleuchter (C.).–6-flammiger Kronleuchter aus jakobinischer Bronze, in der Mitte UNBELEUCHTET .

Halterungen an Wänden.
  Eine an der Wand unten L.
Eine auf jeder Seite der Rückwand zwischen Fenstern und der Treppe R.
Eine auf jeder Seite der Rückwand zwischen Fenstern und Wand L. Alle obigen Bilder, *nicht beleuchtet* .

Feuer im Kamin, NICHT ANGEZÜNDET .

Längen .–Länge im Treppenhaus, bernsteinfarben und weiß.
Länge im Eingang durch Doppeltür nach rechts.

Füße : Bernsteinfarben und weiß.

Latten : Deckenlatte, bernsteinfarben und weiß.
Nr. 5 Latte, Bernstein und Weiß.

Bögen .–2 Barschbögen op)
2 Barschbögen ps) Heller Bernstein und Frost. Nr. 1 op Flutstufe nach unten LC Nr. 2 op auf Sofa nach unten R. Nr. 1 PS auf Sofa L. Nr. 2 PS auf Hocker und Flut C.

Flutbögen – Zwei Flutbögen auf dem Rückenstoff links und rechts.
  Flutlichtbogen an den transparenten Fenstern über der Treppe R.
  Fokusbogen durch Fenster C., L. der Fenster des Schreibtisches
und Türen nach rechts nach unten in den Raum. Sonnenlichteffekt.

Zum Öffnen . – Alle Lichter sind voll und bleiben für die Akte I, II und III bestehen.

[ILLUSTRATION: Elektroplan „Mr. Pim kommt vorbei"]

www.ingramcontent.com/pod-product-compliance
Lightning Source LLC
Chambersburg PA
CBHW031758150726
47989CB00006B/2784